마에다 가문의 별장(오늘날의 가마쿠라 문학관)을 찾은
노년의 가와바타 야스나리(1964)

우타가와 히로시게 〈도카이도의 53경〉 연작 중 시즈오카 지방을 그린 그림. 시즈오카 현의 이즈반도는 훗날 「이즈의 무희」의 배경이 되었다.

五十三次

鞠子

시미즈 터널을 빠져나오는 기차
『설국』의 첫 문장 "국경의 긴 터널을 빠져나오자, 눈의 고장이었다"는 일본 근대문학을 통틀어 가장 빼어난 명문장으로 손꼽힌다.

❶ 오사카의 가와바타 야스나리 생가
가와바타 야스나리가 태어난 곳

가와바타 야스나리가 태어난 집은 미나미모리마치 역에서 내려 5분 정도 걸어가면 텐만구 신사 정문 근처에 있다. 그가 두 살이 될 때까지 살았던 생가 터는 유심히 보지 않으면 무심코 지나칠 만큼 작고 소박하다. 현재 생가 터에는 음식점이 있고, 작은 정원 한쪽에 가와바타 야스나리의 탄생지임을 알리는 작은 표지석이 있다.

❷ 이바라키 시립 가와바타 야스나리 문학관
부모를 모두 잃고 유년기를 보낸 도시

세 살에 고아가 된 가와바타 야스나리는 오사카 부의 도요카와(현 이바라키)에 있는 조부모 댁에서 초등학교와 중학교를 마친다. 그가 학창 시절을 보낸 이바라키에는 가와바타 야스나리 문학관이 있다. 문학관에는 가와바타 야스나리가 살았던 집의 모형과 학창 시절 사진, 자필 원고, 소설 초판본 등 400여 점의 관련 자료가 전시되어 있다.

❸ 에치고유자와의 다카한 료칸
『설국』의 무대이자 『설국』을 쓴 곳

다카한 료칸은 900년의 역사를 지닌 온천 여관으로, 『설국』의 무대이자 1935년 가와바타 야스나리가 한 달여간 머무르며 『설국』의 초안을 쓴 곳이다. 다카한 료칸의 2층 방은 『설국』의 중심 무대이며 상징적인 공간이다. 건물이 개축되어 그가 방문했던 당시의 모습은 볼 수 없지만, 그가 머물렀던 2층 방을 재현하여 보존하고 있다.

❹ 교토 기타야마의 삼나무숲
가와바타 야스나리의 교토 사랑

일본의 전통미를 간직한 도시 교토는 가와바타 야스나리가 애착을 품었던 곳이다. 특히 기타야마의 삼나무숲은 그가 교토에 헌정한 소설 『고도』의 중요한 배경이 되었다. 가와바타 야스나리는 교토의 풍광이 사라지는 것을 안타까워하며 절친했던 화가 히가시야마 카이에게 교토의 사계를 그림으로 남겨줄 것을 부탁하기도 했다.

❺ 이즈반도의 유모토칸
「이즈의 무희」 배경이 된 곳

이즈반도의 남북을 종단하는 가노 강 중간 지점에 있는 유가시마 온천은 오래전부터 도쿄 사람들이 많이 찾는 휴양지였다. 그 유가시마의 숲속에 「이즈의 무희」 무대이자 가와바타 야스나리가 체류하면서 소설을 썼던 료칸 유모토칸이 있다. 그는 첫 번째 이즈반도 여행 이후 「이즈의 무희」가 널리 알려지기 전까지 거의 매년 이곳에 들렀다.

❻ 도쿄 대학교
문학에 본격적으로 몸담았던 대학 시절

1920년 도쿄 제국대학(현 도쿄 대학교)의 영문학과에 입학한 가와바타 야스나리는 아쿠타가와 류노스케, 요코미쓰 리이치 등과 교류하며 문학적 행보를 본격화한다. 이후 국문학과로 전과했으며, 대학을 졸업한 뒤에는 동료들과 동인지 《문예시대》를 창간하기도 한다. 이때 함께한 동인들이 훗날 '신감각파'라고 불리게 된다.

❼ 도쿄 진보초의 서점과 카페
청년기를 보낸 도쿄의 장소들

가와바타 야스나리는 1937년 가마쿠라로 이사하기 전까지 20~30대를 도쿄에서 보냈다. 그는 도쿄에서 대학 생활을 하고 문단에 등단했으며, 『무희』「아사쿠사 구레나이단」 등 도쿄를 배경으로 한 작품을 여러 편 쓰기도 했다. 그의 청년 시절, 즉 도쿄 시대를 말할 때 빼놓을 수 없는 곳이 진보초의 서점 거리와 밀롱가 누에바 카페이다.

❽ 가마쿠라
생의 마지막 시기를 보낸 곳

가마쿠라는 가와바타 야스나리를 비롯한 여러 작가들이 모여 문화를 꽃피웠던 곳이다. 가와바타 야스나리는 가마쿠라에서 말년을 보내며 가마쿠라를 배경으로 후기 작품의 대부분을 썼다. 이후 그는 가마쿠라 근처 바닷가의 즈시 마리나 리조트에서 죽음을 맞았다. 가와바타 야스나리는 가마쿠라 공원 묘지에 안장되었다.

일러두기

— 미술, 음악, 영화 등의 작품명은 〈 〉, 신문, 잡지는 《 》, 시, 단편소설, 희곡, 연설, 논문은
「 」, 단행본, 장편소설은 『 』로 표기했다.
— 다른 책을 인용 또는 재인용하거나 참조한 경우, 문장 끝에 책명과 쪽수를 밝혔다. 더
자세한 사항은 참고문헌 목록에 들어 있다.
— 외래어 표기는 국립국어연구원의 외래어표기법을 따랐으나 통용되는 일부 표기는 허
용했다.

가와바타 야스나리

×

허연

설국에서 만난 극한의 허무

arte

CONTENTS

초속 5센티미터로 다가온
'섬세한 허무'

흰색 우주선처럼 생긴 신칸센 열차가 미끄러지듯 다이시미즈 터널을 빠져나가기 시작했다. '헛수고'라도 좋았다.

나는 애당초 일본이나 일본 문학에 그다지 관심이 없었다. 일본 문학 전공자도 아니고, 평소에 일본 소설이나 시를 많이 읽지도 않았다. 일본을 특별히 좋아하는 것도 아니었다. 1990년대 이후 많은 사람들이 애니메이션을 중심으로 일본 문화에 열광할 때도 나는 무덤덤했다.

그런 내게 일본은 뜻밖의 방식으로 다가왔다. 21세기가 시작되고 몇 해가 지났을 무렵 나는 매우 지쳐 있었다. 뭔가 꽉 막혀 있는 듯한 답답함과 가진 것이 모두 고갈된 듯한 건조함이 나를 지배하고 있었다. 쉼표가 필요했다. 때마침 내가 근무하는 언론사에서 해외연수생을 선발하고 있었다. 물론 그 이전에도 연수를 떠날 기회는 있었다. 하지만 그때에는 별로 관심이 없었고, 연수나 유학보다는 여행을 통한 외국 경험을 더 선호했다. 나는 입버릇처럼 이렇게 말하곤 했다.

"가서 산다면 모를까, 몇 년 뒤에 어차피 돌아올 거라면 여행만 하는 편이 더 나아."

그랬던 내가 난생처음 장기간 해외 체류를 시도하게 된 가장 큰 이유는, '외국'보다는 '휴식'에 방점을 찍었기 때문이다. 어쨌든 얼마 후 나는 운 좋게 연수 대상자로 선정되었다. 남은 절차는 어느 나라, 어느 학교에 가서 뭘 할 것인지 계획을 제출하는 일이었다. 연수생으로 선발된 사람들은 대부분 영어권 국가를 원했다. 하지만 내 기준은 영어가 아니었다. 이왕 정해졌으니 빨리 떠나고 싶었다. 내게는 출국 날짜가 가장 중요했다. 어디든 빨리 떠날 수 있는 곳이라면 그곳이 내가 갈 곳이었다. 답은 일본이었다. 일본은 우리와 비슷하게 4월에 학기를 시작한다. 하지만 미국이나 유럽 대학은 주로 여름이나 가을에 학기를 시작하는 곳이 많았다.

그때 나의 일본행에 지인들은 의외라는 반응을 보였다. "웬 일본?"이냐는 지인들에게 나는 이렇게 말했다.

"당장 떠날 수 있다면 북극이라도 갈 거야."

이제 남은 건 일본을 공부하는 일이었다. 그때 우연히 알게 된 인물이 애니메이션의 장인 신카이 마코토新海誠였다. 이 글을 쓰고 있는 지금이야 신카이 마코토를 모르는 사람이 거의 없겠지만, 10년 전만 해도 신카이 마코토는 마니아들 사이에서만 알려져 있는 인물이었다. 나 역시 그 무렵 누군가의 추천으로 일본어 공부도 할 겸 그

의 애니메이션을 봤다. 〈초속 5센티미터秒速 5センチメートル〉〈구름의 저편, 약속의 장소雲のむこう, 約束の場所〉 등이었다. 짜릿함으로 충만한, 신선한 충격을 받았다.

순수하다 못해 투명한 그림체, 신비롭고 정교한 스토리, 간접화법으로 그려낸 아련한 첫사랑의 추억. 신카이 마코토의 애니메이션은 나를 묘한 세계로 이끌었다. 봄날 벚꽃이 떨어지는 속도 초속 5센티미터를 소재로 뭔가를 만들어내는 그들의 섬세함이 놀라웠다. 격정과 흥분을 제거한 듯한 저 차분함은 도대체 어디서 오는 것일까. 일본은 우리와 왜 이렇게 다를까. 강렬한 궁금증이 밀려왔다.

나는 그동안 미뤄두었던 일본 소설을 읽기 시작했다. 남들은 이미 다 읽었을 책들이었다. 가와바타 야스나리, 나쓰메 소세키, 미시마 유키오, 다자이 오사무 등이었다. 이들의 소설은 무라카미 하루키에 멈춰 있었던 나의 독서를 새로운 지점으로 확장시켜주었다.

각기 다른 세계를 그리고 있었지만 일본 근현대 소설에는 두 가지 공통점이 있었다. 첫 번째는 전율이 오는 것 같은 세밀함이고, 두 번째는 짙게 깔린 허무였다. 커다란 산맥 같은 유럽 소설과 극적 요소가 강한 드라마 같은 한국 소설에 비해 일본 소설이 보여주는 세계는 처음 맛본 '이상한 과일' 같은 느낌이었다.

그중에서 특히 가와바타 야스나리가 눈길을 잡아끌었다. 사실 가와바타 야스나리에게 매력을 느낀 것이 이때가 처음은 아니었다. 그가 처음 내 시야에 들어온 것은 1968년 노벨상 시상식 장면을 찍은 한 장의 사진을 본 순간부터였다. 장신의 백인들 틈에 일본 전통 의상을 입고 서 있던 백발의 노인. 그는 무림의 고수 같았다. 사진

속 그에게는 주변 백인들을 모두 장식으로 만들어버리는 아우라가 있었다.

이 한 장의 사진을 본 이후 『설국』을 읽기는 했지만, 그 깊은 맛을 처음 알게 된 건 연수가 결정된 직후 전향적인 마음으로 일본 문학을 접하기 시작한 그날부터였다. 가와바타 야스나리의 『설국』은 작지만 큰 작품이었다. 언뜻 보면 건조한 심리소설 같은 느낌이 들지만, 더 깊이 들어가서 보면 이 소설은 하나의 거대한 성채를 짓고 있었다. 전체에 깔린 허무는 그 깊이를 알 수 없을 만큼 깊었고, 음양오행, 불교, 유교, 토속신앙 등 동양 사상이 놀라울 정도로 곳곳에 녹아 있었다. 그뿐만이 아니었다. 소설적 장치는 거의 경지에 이르렀다 할 만했다.

첫 문장 "국경의 긴 터널을 빠져나오자, 눈의 고장이었다"처럼 중요한 묘사에서 주어를 숨겨버리는 기교, 거울과 유리창을 활용하는 고수의 화법, 은하수가 몸으로 흘러든다는 식의 물아일체, 군데군데 등장하는 역설은 놀라웠다. 기름기를 모조리 빼버린 듯한 그의 소설은, 읽는 소설이 아니라 사색하는 소설, 즉 깨달아야 하는 소설이었다.

가와바타 야스나리의 『설국』에는 유난히 '헛수고'라는 말이 자주 등장한다. 주인공 시마무라가 게이샤인 고마코로부터 오래전부터 일기를 쓰고 있다는 말을 듣고 "헛수고네"라고 말하는 장면이 있다. 그런데 이 '헛수고'라는 말은 소설 속에서 매우 깊은 의미를 담은 상징어로 사용된다. 이런 식이다.

그녀에겐 결코 헛수고일 리가 없다는 것을 그가 알면서도 아예 헛수고라고 못박아 버리자, 뭔가 그녀의 존재가 오히려 순수하게 느껴졌다.[*]

참 많은 것을 숨겨놓고 있는 문장이다. 이 같은 섬세함과 허무가 나는 좋았다. '헛수고'라고 외치면 그녀가 더 순수하게 느껴진다는 이 묘사는 정말 놀랍도록 아름답고 허무하다. 에치고 산맥을 관통하는 국경의 긴 터널을 지난다는 건, 바로 이 놀랍도록 섬세한 허무의 나라로 들어간다는 것을 의미했다.

---

[*] 가와바타 야스나리, 『설국』, 유숙자 옮김, 민음사, 2002, 39쪽. 이 책에 수록된 『설국』의 인용문은 모두 민음사 판본을 사용했다.

설국^{雪国}, 에치고유자와

에치고유자와는 말 그대로 '설국'이다. 소설에서도 이틀이면 여섯 자의 눈이 쌓이고, 전봇대의
전등이 파묻혀버릴 정도라고 묘사된다. 눈 덮인 환상의 세계라는 말을 실감할 수 있다.

01

설국의 세계로

그곳 설국, 에치고유자와

겨울이 오기만을 기다렸다. 도쿄에 연구원 자격으로 머물기 시작한 3월부터 나는 겨울이 오기만을 기다렸다. 『설국』 때문이었다. 내가 머물던 대학의 캠퍼스는 도쿄 남부의 다마치 지역에 있었다. 그곳은 설국이기는커녕 한겨울에도 해양성 기후 덕에 좀처럼 영하로 내려가는 법이 없었다.

그곳에서 봄, 여름, 가을을 보냈다. 연구실 창밖에 흐드러지게 피어나기 시작한 꽃을 볼 때도, 퍼붓는 한여름 장대비를 볼 때도, 떨어지는 낙엽을 볼 때도 나는 『설국』을 생각했다.

소설 속 등장인물인 고마코가 주인공 시마무라에게 속삭인 그 여섯 자의 눈을 보고 싶었다. 그리운 사람을 생각하면서 걷다가는 전깃줄에 목이 걸린다는 그 폭설을 보고 싶었다.

물론 매일매일 머릿속에는 근현대 소설 중 최고의 첫 문장이라는 『설국』의 첫 구절이 가득 들어차 있었다.

국경†의 긴 터널‡을 빠져나오자, 눈의 고장이었다.

† 군마 현[群馬縣]과 니가타 현[新潟縣]의 접경을 말한다. 본문의 〈국경〉은 모두 이 뜻이다.
‡ 군마 현과 니가타 현을 잇는 시미즈[淸水] 터널을 가리킨다.

―『설국』, 7쪽

『설국』의 이 첫 문장은 책이나 논문마다 조금씩 다르게 번역되어 있다. 원문의 '국경国境'을 '현의 경계'라고 한 책이 있는가 하면, '설국雪国'을 '눈의 마을'이나 '눈의 고장'이라고 번역하기도 한다.

나의 경우는 '국경'과 '설국'이라는 번역을 선호한다. 가와바타 야스나리는 터널을 경계로 '다른 세상' '다른 나라'를 그리고 싶어 했던 것 같다. 산맥 동쪽은 현실의 나라 즉 도쿄를 의미하고, 산맥 서쪽은 환상의 나라 즉 에치고유자와를 의미하는 것 아닐까. 그래서 굳이 '국国'이라는 표현을 쓰지 않았을까.

그리고 일본에서 '국'은 우리가 쓰는 '국'의 의미와는 좀 다른 무게감을 지닌다. 섬으로 이루어진 일본은 근대 이전에는 막부 중심의 철저한 지방분권식 정치 체계를 이루고 있었다. 그래서 일본의 지명에는 지역을 하나의 나라로 부르는 경우가 종종 있다. 실제로 지금도 '난코쿠南国'니 '시코쿠四国'니 하는 지역명이 남아 있다.

나는 '국경'과 '설국'이라는 번역이 좋다. 그 어감과 음가도 '국경'과 '설국'이 더 매력적이다. 『설국』의 구체적인 무대는 니가타 현의 에치고유자와越後湯沢다. 도쿄에선 마음만 먹으면 쉽게 갈 수 있는 곳이다. 도쿄 역에서 신칸센을 타면 불과 한 시간 반이면 도착할 수 있다. 그 한 시간 반 거리를 나는 1년이 가까워지도록 참고 또 참으며 아껴두었다. 여섯 자가 넘는 눈, 바로 그 눈을 보기 위해서였다.

에치고유자와를 겨울에 가야 하는 이유는『설국』여기저기에 치
명적으로 서술되어 있다. 나는 겨울이 아닌 에치고유자와는 상상도
하고 싶지 않았다.

주인공 시마무라가 에치고유자와를 두 번째 방문했을 때 그는 정
지한 기차 안에서 요코라는 새로운 여인을 발견한다. 그녀에게 마
음이 흔들린 시마무라는 이렇게 적는다.

> 인물은 투명한 허무로, 풍경은 땅거미의 어슴푸레한 흐름으로, 이
> 두 가지가 서로 어우러지면서 이세상이 아닌 상징의 세계를 그려내
> 고 있었다. 특히 처녀의 얼굴 한가운데 야산의 등불이 켜졌을 때, 시
> 마무라는 뭐라 형용할 수 없는 아름다움에 가슴이 떨릴 정도였다.
> —『설국』, 12쪽

어느 겨울 저녁, 가까이 있는 산과 멀리 있는 산이 한꺼번에 성에
낀 기차 유리창에 비친 풍경이 눈앞에 있지 않은가. 기차 안과 기차
밖, 속계와 선계의 경계에 비친 여인의 얼굴. 그 얼굴에서 흘러내리
는 허무. 그것이 가와바타 야스나리 문학의 출발점이 아니었을까.

나는 에치고유자와를 그리워하며『설국』을 읽고 또 읽었다. 묘한
느낌이 들었다. 읽을 때마다 조금씩 나이가 들어가는 여인의 옆얼
굴을 보는 듯하기도 했고, 때로는 바쇼의 하이쿠 한 구절에서 보여
주는 소멸의 미학을 보는 것 같기도 했다. 또 어떨 때는 전철역에서
펄럭이는 주간지의 속됨이 느껴지다가도, 어떨 때는 일본에서 처음

에치고유자와 마을 전경
『설국』의 공간적 배경이 된 곳이다. 소설이 쓰인 1930년대의 풍경은 사라졌지만 소설의 백미
인 눈[雪]만큼은 그대로인 듯하다. 주인공 시마무라에게 에치고유자와는 산업화의 상징인 도
쿄와 대비되는 치유의 공간이기도 했다.

봤던 칠흑같이 엄숙한 장례식을 보는 것 같기도 했다.

내게 『설국』은 깨달음 같았다. 문을 열고 들어가면 또 다른 문이 눈앞에 등장하는, 문을 열 때마다 이 문이 끝일 거라고 기대하지만 결국 또 하나의 새로운 문 앞에서 고개를 떨구게 되는 거대한 미로 같았다.

'세상에 없던 아름다움' 하나를 찾아서

가와바타 야스나리의 개인사에 환희는 없었다. 더 정확히 말하면 그는 환희를 배우기 훨씬 전에 허무를 배웠고, 시간이 지나 환희를 만났을 때조차 그는 허무 안에서 나오지 않았다.

그는 가족이라는 것을, 그 첫 공감의 따뜻함과 튼튼함을, 그래서 온몸으로 배우게 되는 생에 대한 일말의 본능적 안온함을 만나보지 못한 사람이었다. 두 살 때 아버지가 돌아가셨고, 세 살 때 어머니가 돌아가셨으며, 일곱 살 때는 자신을 키워주던 할머니를 잃었다. 학교에서 돌아온 가와바타 야스나리는, 시력을 거의 잃어서 집에 불도 켜지 않는 할아버지와 함께 지냈다. 어두컴컴한 방에 혼자 앉아 있는 왜소한 소년. 그가 바로 가와바타 야스나리가 아니었을까. 할아버지마저도 그가 열다섯 살 때 세상을 등진다.

가와바타 야스나리에게 죽음은 너무나 가까운 일이었다. 가을이면 아침마다 매미들이 죽은 채 마당에 쌓여가는 것처럼 건조하고 매정한 순환의 한 과정일 뿐이었다.

우연인지 숙명인지 알 수 없지만, 그가 스스로와 주변에 자신의 문학적 재능을 처음 선보인 것도 죽음이 계기였다. 이바라키 중학교 재학 시절 존경하던 스승이 사망하는데, 그 스승의 장례식에서 가와바타 야스나리가 조사를 낭독한 것이다. 그날 소년이 썼던 비감 어린 조사가 가와바타 야스나리 문학의 첫 여정일지도 모른다.

> 그 때문에 시마무라는 슬픔을 보고 있다는 괴로움은 없이, 꿈의 요술을 바라보는 듯한 느낌이었다. 신기한 거울 속에서 벌어진 일이 었기 때문일 것이다.
> ─『설국』, 12쪽

이 대목을 읽으며 가와바타 야스나리를 찾아가는 모든 여정은 당연히 『설국』에서 시작되어야 한다는 생각을 했다. 그는 『설국』을 통해 우리를 '이상한 거울' 속으로 안내한다. 그 이상한 거울 속으로 가는 길. 그 길에는 눈이 있어야 한다.

그해 1월 초. 나는 텔레비전 뉴스에서 '니가타 현 강설降雪'이라는 자막을 보고 부랴부랴 기차표와 숙소를 예매하기 시작했다. 집 근처 전철역에 있는 관광 안내소로 달려가 에치고유자와 관련 팸플릿을 전부 가져와서 비좁은 방에 늘어놓고 장고에 들어갔다.

기차 시간은 어떻게 할까? 소설에서처럼 어두워질 무렵 도착하는 게 좋을까. 그러면 눈이 잘 안 보일 텐데. 신칸센으로 가면 가와바타 야스나리가 통과했던 옛날 그 터널을 통과할 수 없다는데, 그렇다면 국철이나 지철이 따로 있을까? 숙소는 어떻게 할까? 1930년대

1950년경 가마쿠라의 한 사찰에서

「천 마리 학」을 집필하던 당시 가와바타 야스나리의 모습이다. 그는 생의 마지막 35년 동안 가
마쿠라에 정착해 후기 대표작들을 집필했다. 「천 마리 학」은 그의 문학적 지향이 가장 완벽하
게 담긴 작품이라 평가받는다.

에 가와바타 야스나리가 묵었던 다카한高¥ 료칸에는 방이 남아 있을까? 있으면 숙박 요금은 얼마나 할까?

나는 난수표같이 복잡한 여행 팸플릿을 몇 번이나 들여다보았다. 일본 특유의 작은 글씨와 작은 사진, 숫자와 한자, 히라가나와 가타카나가 어지럽게 뒤섞인 팸플릿을 들여다보다 잠이 들었다.

잠에서 깨어나 내린 결론은 의외로 간단했다. 도쿄에서 에치고유자와로 가는 길은 신칸센을 타는 것 외에는 마땅한 방법이 없었다. 물론 신칸센이 지나가는 터널은 예전의 그 시미즈清水 터널은 아니다. 신칸센이 통과하는 터널은 1979년 완공된 다이시미즈大清水 터널이다. 그래도 어차피 에치고유자와로 가는 터널은 모두 에치고 산맥을 관통하기 때문에 터널이 끝나는 순간 설국을 만나는 건 마찬가지일 것 같았다.

가와바타 야스나리가 1935년 한 달간 머물면서『설국』의 초안을 썼다는 다카한 료칸은 방이 없을뿐더러 다른 료칸에 비해 비싼 편이었다. 결국 풍광이 좋아 보이는 근처 료칸을 예약했다. 도착 시간은 오전으로 정했다. 밝을 때 설국을 보고 싶었다. 그 대신 돌아오는 시간을 저녁 무렵으로 했다. 예약을 끝내니 드디어 '설국'으로 가는 첫 관문을 연 기분이었다.

집에서 나와 전철 갈아타는 시간까지 계산해봐야 기껏 두 시간이면 닿을 수 있는 길을 왜 이렇게 주술사가 택일이라도 하듯 전전긍긍했는지 스스로 생각해봐도 이해가 되지 않았다.

나는 몇 번이고 읽어서 이제는 너덜너덜해진『설국』을 내려다보았다. 문득 가와바타 야스나리가 왜 수많은 암시로 이루어진 난해

한 문장 속에『설국』을 감추어놓았는지 알 수 있을 것 같았다.

에치고유자와로 떠나는 날 아침, 나는 마음이 급했다. 혹시 내가 가기 전에 눈이 모두 녹아버리지는 않을까? 어이없는 걱정까지 머릿속을 어지럽혔다. 내가 살고 있던 도쿄 북부 아라카와 구 니시오구에서 신칸센을 타려면 오구 역에 가서 전철을 타고 도쿄 역이나 우에노 역까지 가야 했다. 나는 그 과정마저도 마뜩지 않았다. 마음은 이미 그곳에 가 있는데 전철을 몇 번 갈아타야 하는 것이 불필요한 사족처럼 느껴졌다. 나는 집에서 나와 황급히 택시를 잡아탔다. 일본의 살인적인 택시비에는 개의치 않았다.

내 자기장 안에 가와바타 야스나리가 자리 잡기 시작한 것은 몇 장의 사진 때문이었다. 나는『설국』을 읽어보기도 전에 그 몇 장의 사진에 빠졌다. 대학 시절 도서관에서 이런저런 책을 들춰보다 발견한 사진이었다. 사진에는 1968년 스웨덴 스톡홀름에서 열린 노벨상 시상식 장면이 담겨 있었다.

빛바랜 사진 속에는 일본 전통 의상을 차려입은 왜소한 노인이 서 있었다. 바람만 불어도 날아갈 것처럼 뼈와 가죽만 남은 노인이었다. 가와바타 야스나리였다. 눈빛만 형형하게 살아 있어서일까. 그는 유난히 왜소해 보였다. 하지만 왜소한 그에게서는 도道를 깨친 듯한 묘한 경지가 느껴졌다. 덩치 큰 서양인들 사이에서 그의 도력道力은 더욱 도드라져 보였다. 주변에 충성스러운 수제자들을 거느리고 서 있는 무림의 고수 같았다.

자세히 들여다보니 도력과 더불어 천진함도 느껴졌다. 어느 겨울

1968년 스웨덴 스톡홀름에서 열린 노벨상 시상식

가와바타 야스나리는 일본인으로서는 첫 번째로, 아시아에서는 인도 시인 타고르에 이어 두
번째로 노벨문학상을 수상했다. 그는 일본의 전통 예장인 '몬츠키하오리하카마' 차림으로 시
상대에 올랐다.

날, 들판에 혼자 서서 종주먹을 쥐고 있는 어린아이. 왜 그러는지 그 사연은 알 수 없지만, 뭔가 세상을 향해 천진하면서도 도전적인 눈빛을 던지고 있는 아이.

그랬다. 시상식장에는 도를 깨친 노인과 천진한 아이가 합성된 한 인간이 서 있었다. 소름이 끼치도록 강렬했다. 사진 한 장에서 읽어낼 수 있는 신비……. 어쨌든 그날 시상식장에서는 가와바타 야스나리의 아우라가 모든 것을 제압하고 있었다.

스웨덴 왕립학술원이 밝힌 가와바타 야스나리의 수상 이유는 크게 두 가지 정도로 요약할 수 있다. "자연과 인간의 운명이 지닌 유한한 아름다움을 우수 어린 회화적 언어로 묘사했다"는 것과 "동양과 서양의 정신적 가교를 만드는 데 기여했다"는 것이었다.

나름 적절한 선정 이유였다. 적어도 노벨문학상 심사 위원들이 번역된 『설국』을 오독하지는 않았던 것 같다. 물론 번역으로는 도저히 해결할 수 없는 뉘앙스나 세밀한 묘사는 어쩔 수 없었을 것이다. 하지만 심사 위원들은 적어도 『설국』을 어느 도시 한량이 시골에 가서 여자들과 노닥거린 이야기 정도로 치부하지 않은 것만은 분명했다. 즉, 스토리에 감추어진 이면과 선문답 같은 장치들을 제대로 읽어낸 것이다.

노벨상 시상식 만찬 연설
스웨덴 스톡홀름에서 열린 노벨상 시상식 만찬에서 감사 연설을 하고 있는 가와바타 야스나리의 모습이다. 그는 대표작 『설국』으로 동서양의 정신적 가교를 만드는 데 기여했다는 평가를 받으며 1968년도 노벨문학상 수상자로 결정되었다.

가와바타 야스나리는 시상식장에서 '아름다운 일본의 나美しい日本の私'라는 제목의 수상 소감문을 읽는다. 이 소감문에서 그는 일본의 전통 단시 와카和歌를 인용하면서 일본인의 정서와 일본의 선불교 사상을 이야기한다. 이를 접한 서양인들은 크게 감탄한다. 기쁨이나 영광, 고마움이나 감격과는 거리가 먼, 차갑고도 차분한 소감은 서구인들에게 큰 충격으로 다가갔을 것이 분명하다.

"봄은 꽃, 여름엔 두견새, 가을은 달, 겨울엔 눈雪. 해맑고 차가워라." 가와바타 야스나리는 소감 첫머리에 도겐道元의 시를 인용한다. 너무나 선禪적인 이 문장은 『설국』이 어떤 출발점에서 쓰인 소설인지를 웅변해준다. 『설국』은 스토리 위주의 서구식 소설 작법을 무시한 채 흡사 점선을 찍듯 분절적 기법으로 써 내려졌다. 그 하나하나의 점에는 자연과 계절의 일부가 되어버린 인간사가 인과관계를 고려하지 않은 채 담겨 있다. 이 때문에 줄거리를 따라가는 독서법으로는 『설국』의 참맛을 도저히 느낄 수 없다.

가와바타 야스나리는 『설국』을 통해 일본적 아름다움의 생산자가 된다. 죽었다 소생하는 자연의 윤회와 그 안에서 벌어지는 부박하고 허무한 인생. 이 묘한 슬픔 앞에서 서구인들은 자신들이 한 번도 접해본 적 없는 '세상에 없던 아름다움' 하나를 새로 만난 건 아니었을까.

나는 도쿄 역 어두운 승차장에서 신칸센 열차를 기다리며 도겐의 시를 몇 번이나 중얼거렸다.

『설국』의 첫 문장에 담긴 시간들

『설국』의 첫 문장 "국경의 긴 터널을 빠져나오자, 눈의 고장이었다国境の長いトンネルを抜けると雪国であった"는 일본 미학의 진수를 보여주는 명문으로, 문학 역사상 가장 인상적인 도입부로 꼽히는 문장이다. 그런데 가와바타 야스나리가 처음에 썼던 『설국』의 첫 문장은 우리가 익히 알고 있는 이 문장이 아니었다.

　『설국』은 처음부터 하나의 장편을 염두에 두고 구상된 작품이 아니었다. 가와바타 야스나리는 1935년에 첫 단편 「저녁 풍경의 거울夕景色の鏡」을 《문예춘추》에 발표한 이후 연작 형태의 단편을 여러 매체를 통해 발표한다. 무려 12년 9개월이라는 세월이 걸린 긴 과정이었는데, 각 단편들의 발표 순서는 다음과 같다(발표 연도, 작품명, 매체명).

　　1935년 1월, 「저녁 풍경의 거울夕景色の鏡」, 《문예춘추文藝春秋》
　　1935년 1월, 「하얀 아침의 거울白い朝の鏡」, 《개조改造》
　　1935년 11월, 「이야기物語」, 《일본평론日本評論》
　　1935년 12월, 「헛수고徒労」, 《일본평론日本評論》
　　1936년 8월, 「새꽃萱の花」, 《중앙공론中央公論》
　　1936년 10월, 「불베개火の枕」, 《문예춘추文藝春秋》
　　1937년 5월, 「공놀이 노래手毬歌」, 《개조改造》
　　1940년 12월, 「설중화재雪中火事」, 《공론公論》
　　1941년 8월, 「은하수天の河」, 《문예춘추文藝春秋》
　　1946년 5월, 「설국초雪国抄」, 《효종曉鐘》 *「설중화재」의 개작
　　1947년 10월, 「속설국續雪国」, 《소설신조小說新潮》 *「은하수」의 개작

1937년 가와바타 야스나리는 「저녁 풍경의 거울」부터 「공놀이 노래」까지의 일곱 편의 단편을 순서대로 한 권의 책으로 엮어 발표한다. 『설국』의 첫 번째 단행본이었다. 결국 가와바타 야스나리가 처음 구상했던 『설국』의 도입부는 첫 번째 단편 「저녁 풍경의 거울」의 도입부에 해당하는데, 이 작품의 첫 문장은 다음과 같다.

젖은 머리카락을 손가락으로 만졌다. 그 감촉을 무엇보다도 잘 기억하고 있었다.

그 하나의 기억만이 생생하게 떠오르자 시마무라는 여자에게 알리고 싶어 기차에 올랐던 것이다(濡れた髪を指でさわった。その触感を何よりも覚えている。その一つだけがなまなましく思い出されると、島村は女に告げたくて、汽車に乗った旅であった).

이후 열 문장 정도 더 장면 서술을 하고 나서 현재 우리가 알고 있는 『설국』의 도입부와 비슷한 문장이 등장한다.

국경의 터널을 빠져나오자, 창밖의 밤의 밑바닥이 하얬다(国境のトンネルを抜けると、窓の外の夜の底が白くなった).

가와바타 야스나리는 더욱 완벽한 작품을 위해 끊임없이 퇴고를 거듭하는 작가였다. 1935년 「저녁 풍경의 거울」을 연재할 때부터 1937년 『설국』의 첫 번째 단행본이 발간되고, 1948년에 완결판 『설국』이 발간된 뒤 1970년에 『가와바타 야스나리 전집川端康成全集』을 거쳐, 그가 세상을 떠나기 직전 1971년 『정본설국定本雪国』이 완성될 때까지 그는 끊임없이 『설국』의 원고를 재차 고치고 다듬었다.

현재 전해지는 『설국』의 도입부 역시 완벽에 대한 집념으로 가와바타 야스나리가 긴 시간에 걸쳐 고쳐 쓴 문장이다. 가와바타 야스나리는 약 13년간의 연재 기간 동안 끊임없이 퇴고를 반복하며 『설국』의 첫 문장을 다듬었고, 결국 "국경의 긴 터널을 빠져나오자, 눈의 고장이었다"라는 명문을 만들어낸다.

《문예춘추》에 수록된
「저녁 풍경의 거울」

긴 터널을 지나니 설국이었다

너무나 유명한 소설의 첫 문장을 다시 떠올려보자.

국경의 긴 터널을 빠져나오자, 눈의 고장이었다. 밤의 밑바닥이 하
얘졌다. 신호소에 기차가 멈춰 섰다.

—『설국』, 7쪽

이 문장에는 주어가 없다. 독자들은 이 문장을 읽으며 자기도 모
르게 자신이 주인공이 된 듯한 느낌을 받는다. 흡사 자기가 터널을
지나 설국을 마주한 것 같은 착각에 빠지는 것이다. 내가 기차에 타
고 있는 듯한 착각. 이것이 소설의 시작 부분이 지닌 묘한 매력이다.

이런저런 생각을 하는 동안 기차는 군마 현을 내달리고 있었다.
일본 시골 특유의 가지런한 기와집과 농경지가 보이고, 멀리로는
꽤 높아 보이는 산등성이들이 있었다. 하지만 아직까지도 눈은 보
이지 않았다. 설국이 불과 20여 분 거리밖에 남지 않았는데 눈은 아
직 없었다.

에치고 산맥의 동쪽인 군마 현은 도쿄와 기후대가 비슷하다. 섬
나라 일본에서는 아주 드물게 바다와 접하지 않은 현이었다. 따뜻
하고 평화로운 농촌 풍경이 계속해서 이어지고 있었다. 아직 기차
는 현실 속을 달리고 있음이 분명했다.

소설에서 주인공 시마무라는 설국을 세 번 방문한다.

국경의 터널

군마 현과 니가타 현을 잇는 시미즈 터널. 이 터널을 통과하면 기차는 아름다운 허무의 공간,
설국에 도달한다. 가와바타 야스나리는 소설에서 설국이 "이세상과 다른 상징적이고 비현실
적인 세계"임을 소설적 장치들을 통해 드러낸다.

첫 번째 방문에서 시마무라는 고마코를 처음 만난다. 그는 에치고유자와 인근의 산을 오른다. 도쿄라는 대도시 생활에 지친 그는 "자연과 자신에 대한 진지함마저도 잃기 일쑤여서 이를 회복하려면 산이 제일이라고"(『설국』, 18쪽) 생각했기 때문이다. 즉 시마무라에게 에치고유자와는 치유의 상징이기도 한 곳이다. 산업화의 상징인 도쿄와 대비되는 치유의 공간이었던 셈이다.

그해 푸르른 5월 어느 날, 일주일 만에 산에서 내려온 그는 온천장에 도착해 게이샤를 부른다. 그때 나타난 여인이 고마코였다.

> 여자의 인상은 믿기 어려울 만큼 깨끗했다. 발가락 뒤 오목한 곳까지 깨끗할 것이라고 생각했다.
> 초여름 산들을 둘러보아 온 자신의 눈 때문인가 하고 시마무라가 의심했을 정도였다.
>
> ―『설국』, 19쪽

고마코의 첫 인상을 묘사하는 부분이 흥미롭다. 소설의 흐름으로 보면 시마무라가 처음 고마코를 만났을 당시 그녀는 아직 게이샤가 아니었다. 샤미센 연주와 춤을 배우고 있기는 하지만 아직 견습생에 불과했다. 고마코는 에치고유자와 태생으로 도쿄에서 일을 한적이 있는 여인이며, 약혼자 유키오의 병원비를 마련하기 위해 온천장에서 일을 하고 있는 비련의 주인공이다.

누군가를 적극적으로 사랑할 생각이라고는 없는 허무한 한량 시마무라와 남편도 아닌 약혼자를 위해 게이샤의 길을 걷는 이상한 숙명에 처한 여인 고마코. 이 두 사람은 에치고유자와라는 환상의 공간에서 흡사 '산문시'와 같은 대화를 주고받으며 서로에게 끌리기 시작한다.

시마무라가 설국을 두 번째로 방문한 것은 12월이다. 소설이 시작되는 첫 부분에 나오는 묘사는 모두 두 번째 방문 때 이야기들이다. 다다미방에 다시 마주 앉은 시마무라와 고마코는 이런 대화를 주고받는다. 시마무라가 쳐다보는 앞에서 고마코는 고다쓰 위로 손을 꼽기 시작한다. 그것은 좀처럼 끝나지 않는다.

「무얼 세는 거지?」하고 물어도 잠자코 한동안 계속 손가락을 꼽았다.
「5월 23일이었죠?」
「음, 날짜를 세고 있었군. 7, 8월은 내리 큰달이야」
「아무튼 백구십구 일째예요. 꼭 백구십구 일째예요」
　　―『설국』, 37쪽

고마코는 처음 만났다 헤어진 날 이후 다시 만나게 된 이날까지 하루하루 시마무라를 기다리고 있었던 것이다. 시마무라는 자신에 대한 고마코의 열정이 애틋하고 좋으면서도, 이내 부질없는 '헛수고'라고 생각해버린다. 그에게 설국에서의 일은 어차피 환상이니까.

둘의 관계는 꼭 뭘 하지 않아도 되는 관계다. 그래서 부질없고 한심해 보이기까지 한다. 섹스도 약속도 의미가 없다. 꼭 무언가를 하려 하지 않기 때문에 소설을 읽는 독자들은 그 무미함에 압도되어

버린다. 뭐지. 도대체 이들은 무얼 하는 거지. 도무지 정의를 내릴 수 없는 주인공들의 행태를 보며 눈치 빠른 독자들은 '어떤 낯섦의 세계'를 알아가기 시작할지도 모른다.

이 두 번째 방문에서 시마무라는 요코를 만난다. 기차가 국경의 긴 터널을 지나갈 무렵, 요코라는 여인이 시마무라의 눈에 들어온다. 기차 유리창에 비친 요코의 모습을 묘사하는 부분은 『설국』에서 가장 유명한 장면 중 하나다.

> 슬프도록 아름다운 목소리였다. 높은 울림이 고스란히 밤의 눈을 통해 메아리쳐 오는 듯했다.
>
> —『설국』, 9쪽

시마무라는 군데군데 불이 켜진 역의 저녁 풍경과 유리창에 비친 요코의 모습을 영화의 이중촬영 장면처럼 묘사한다. 그리고 이 모습에서 "이세상이 아닌 상징의 세계"를 발견한다. 특히 차창에 비친 요코의 얼굴 한가운데에 차창 밖 야산의 등불이 비춰지는 순간 뭐라 형용할 수 없는, 가슴 떨리는 체험을 하게 된다.

> 바로 그때, 그녀의 얼굴에 등불이 켜졌다. 이 거울의 영상은 창밖의 등불을 끌 만큼 강하지는 않았다. 등불도 영상을 지우지는 못했다. 그렇게 등불은 그녀의 얼굴을 흘러 지나갔다. 그러나 그녀의 얼굴을 빛으로 환히 밝혀주는 것은 아니었다. 차갑고 먼 불빛이었다. 작은 눈동자 둘레를 확 하고 밝히면서 바로 처녀의 눈과 불빛이 겹쳐

진 순간, 그녀의 눈은 저녁 어스름의 물결에 떠 있는 신비스럽고 아름다운 야광충이었다.

—『설국』, 13쪽

　안과 밖의 온도 차이 때문에 김이 서려 있는 유리창에 두 개의 모습이 겹쳐 있는 것이다. 밖에서 들어온 불빛들과 열차 차창에 비친 그녀의 모습이 유리창이라는 접경지대에서 부딪히고 있는 것이다. 그 접경지대의 풍경은 기차가 서서히 움직일 때마다 바뀌었다.

　이 광경을 몰입해서 묘사하는 가와바타 야스나리는 자신이 이미 환상의 세계에 들어왔음을 자인하듯, 길고 미학적으로 그 순간이 가져다준 '아름다운 허무'를 밀도 있게 표현한다. 시마무라가 기차 안에서 무례할 만큼 그녀를 오래 훔쳐본 것은 바로 이 '비현실적인 힘'에 이끌렸기 때문이다.

　다시 가을이 올 무렵 시마무라는 설국을 세 번째로 방문한다. 두 번째 방문 이후 시마무라에 대한 고마코의 연정은 더욱 깊어져 있었고, 고마코는 북국 소녀 같은 붉은 뺨의 기운이 남아 있는 아가씨에서 성숙한 여인으로 점차 성장해간다.

　머리가 뜨거운 것에 닿아 깜짝 놀랐다.
　「불덩이 같잖아. 바보로군」
　「그래요? 불베개에 델 테니 조심하세요」
　「정말이야」 하고 눈을 감자, 그 열이 머리에 온통 퍼져 시마무라는 생생하게 살아 있다는 느낌이 들었다. 고마코의 거친 호흡과 함께 현실이 전해져 왔다.

—『설국』, 106쪽

고마코의 연정을 묘사하면서 가와바타 야스나리는 '불'이라는 단어를 여러 번 사용한다. 고마코의 연정이 이성보다는 본능에 가깝다는 의미로 쓴 표현일 것이다. 이런 표현들 때문에 『설국』은 에로틱한 장면 하나 없이 농염한 어떤 분위기를 지속적으로 부여하는지도 모른다.

이 세 번째 방문이 끝나면서 소설은 끝을 맺는다. 요코가 '떨어지는 잎葉子'을 뜻하는 그녀의 이름처럼 불이 난 창고에서 떨어져 고마코의 품에서 죽어가는 것이 소설의 결말이다. 가와바타 야스나리는 『설국』에서 벌어진 모든 일들을 '아름다운 허무'로 종결한 채 소설을 끝낸다.

뒤에서 길게 다루겠지만, 세 번째 방문은 생生을 상징하는 여인 고마코와 사死를 상징하는 여인 요코의 엇갈린 운명이 만들어내는 미학이 압권이다.

이런저런 궁리를 하는 사이, 내가 탄 기차는 어느새 터널 속으로 들어가고 있었다. 사람들이 술렁거리기 시작했고, 나는 연신 창밖을 내다보면서 이제나저제나 설국이 나타나기만을 기다리고 있었다. 신칸센을 타고 지나는 새로운 터널이었지만 새로 뚫린 터널의 길이는 생각보다 짧지 않았다.

조금 부지런을 떨어 기차의 앞쪽 칸에 자리를 잡지 못한 것을 후

회하면서 약간 어두운 조명이 켜져 있는 기차 안에서 판결을 기다리는 미결수처럼 앉아 있었다. 도대체 어떤 풍경이 나를 기다리고 있을까.

그리고 몇 초 후 터널이 끝났다. 말 그대로 설국이었다. 밤 시간은 아니었지만 터널 반대편에 비해 습하고 흐렸으며 눈은 역 구내에까지 높이 쌓여 있었다. 온통 흰색으로 된 세상. 설국이었다. 온도와 습도, 색깔이 터널 저쪽과는 너무도 다른 세상이었다. 말 그대로 딴 나라였다.

기차가 천천히 속도를 줄이는 동안 차창 밖으로 플랫폼에까지 날아와 쌓인 눈을 물끄러미 바라보고 있었다. 청소나 정리를 잘하는 일본인들의 기질로 미루어봤을 때 역 구내에 이만큼 눈이 쌓인 건 몇 시간 만의 일일 것이 분명했다. 아무 말도 생각나지 않았다.

나의 방문에 맞춰 폭설을 내려준 조물주에게 감사했고, 이제 기차에서 내려 걸어가게 될, 저 멀리 보이는 시골길의 풍경이 내 마음을 설레게 했다.

기차가 에치고유자와 역에 3분간 정차한다는 안내 방송을 들으며 천천히 짐을 챙겼다. 아직도 차창 밖 마을의 풍경은 현실이 아닌 듯 나를 기다리고 있었다.

에치고유자와 역

시미즈 터널을 빠져나와 기차가 이른 곳은 에치고유자와 역이다. 사방의 눈 덮인 산 풍경과
주변의 음습한 기운은 터널 반대편 세상과는 다른 특별한 느낌을 전해준다.

기후가 만든 설국의 숙명

기후대가 바뀌었다는 걸 느끼는 데는 오래 걸리지 않았다. 에치고유자와 역은 놀랍도록 습했다. 맑은 날이 얼마나 되는지 궁금할 정도로 사위는 흐렸고 공기는 눅눅했다. 낮인데도 해거름인 줄 착각할 정도로 어둡고 음침했다.

『설국』의 공간적 배경인 에치고유자와는 서북쪽으로는 한반도의 동해를 마주하고 동남쪽으로는 일본의 등뼈라고 할 수 있는, 1,500미터에서 3,000미터에 이르는 봉우리가 줄지어 있는 중부 산악 지대를 끼고 있다. 겨울철에 시베리아에서 불어오는 계절풍이 이 산맥에 부딪쳐 상승하면서 호설(豪雪, 일본에서는 겨울 내내 내리는 많은 양의 눈을 이렇게 표현한다)을 내리게 한다. 적설량은 2미터가 넘는 경우가 흔하고, 산악 지역은 1년의 절반 정도가 눈에 덮여 있는 곳도 있다.

에치고유자와의 음습함은 경험해보지 않은 사람에게는 설명하기 힘들다. 그만큼 지배적이면서 숙명적이다. 특히 이곳에서 나고 자란 사람들에게 이 땅의 기후는 매우 특별한 지배력을 행사한다.

에치고유자와 출신인 에도 시대 문인 스즈키 보쿠시鈴木牧之는 『북월설보北越雪譜』라는 유명한 책을 남겼다. 예로부터 일본 혼슈 북쪽 지역은 중앙 정부의 행정력이 거의 미치지 않는 오지였다. 오지 중 오지였던 이 지역의 생활상을 세상에 널리 알린 계기가 된 것이 『북월설보』였다. 이 책은 일상생활에서 방언까지 설국의 전모를 기록한 '설국 백과사전'이라 할 만하다. 가와바타 야스나리의 에치고

『북월설보』에 실린 눈송이 삽화

『설국』 집필에 영향을 주었을 것으로 추측되는 설국 백과사전『북월설보』. 에도 시대의 문인
스즈키 보쿠시가 설국(혼슈 북부의 오지)의 생활상을 목판화 그림과 함께 기록한 책이다.

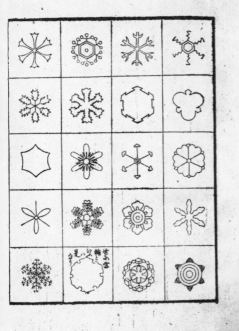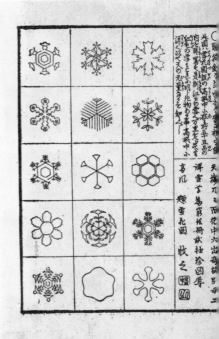

유자와행에도 이 책이 큰 영향을 끼쳤을 것이 분명하다.

이 책에서 스즈키 보쿠시는 이렇게 한탄을 한다.

눈을 보고 즐기는 사람이라도 꽃이 피는 따뜻한 고장에서 태어난 천행을 부러워하지 않으랴.

눈을 가끔 보는 사람이야 눈 구경이 새롭고 신기하겠지만, 겨우 내 눈이 몇 미터씩 쌓여 있는 음습한 곳에서 평생을 산 사람은 꽃이 일찍 피는 따뜻한 곳을 부러워할 수밖에 없다는 말이다. 첫눈이 내린 날 그가 쓴 한탄 섞인 글도 전해진다.

올해도 또, 이 눈 속에 있어야 하나. 눈을 슬퍼하는 것은 변향의 설국에서 태어난 자의 불행이라 할 만하다.

하지만 스즈키 보쿠시는 설국에서 태어난 숙명에 대해 이런 말로 묘한 여운을 남긴다.

번화한 에도에 봉공奉公했던 자도 나이가 들어 고향 설국으로 돌아오는 자 7할이 넘는다.

설국에는 벗어나고 싶어도 결국 벗어나지 못하는, 돌아오지 않고는 못 배겨나는 묵직한 자기장이 존재하는지도 모른다.

내가 처음으로 에치고유자와에 도착한 날 역 풍경도 예사롭지 않았다. '쓸쓸하다'는 표현으로는 다 설명할 수 없는 습도가 이제 막 설국에 입국한 나를 사로잡았다.

『설국』에서는 눈이 막 내리기 시작할 무렵의 온천 마을을 이렇게 묘사한다.

> 이 지방은 나뭇잎이 떨어지고 바람이 차가워질 무렵, 쌀쌀하고 찌 푸린 날이 계속된다. 눈 내릴 징조이다. 멀고 가까운 높은 산들이 하 얗게 변한다. 이를 〈산돌림〉이라 한다. 또 바다가 있는 곳은 바다가 울리고, 산 깊은 곳은 산이 울린다. 먼 천둥 같다. 이를 〈몸울림〉이 라 한다. 산돌림을 보고 몸울림을 들으면서 눈이 가까웠음을 안다. 옛 책에 그렇게 적혀 있었던 것을 시마무라는 떠올렸다.
>
> ─『설국』, 137쪽

나는 역 대합실에서 돌아갈 열차 시간이 적혀 있는 대형 전광판 을 맥없이 바라보았다. 그러고는 1935년 이 역에 서 있었을 가와바 타 야스나리를 생각했다. 서른여섯 살의 작가는 이제 막 『설국』이 라는 소설의 초고를 가방에 넣고 있었을 것이다. 훗날 자신의 문학 을 증거할 작품 한 편을 이 습한 환상의 세계에서 쓰기 시작했던 것 이다.

그 무렵 가와바타 야스나리는 이른바 '신감각파新感覺派'의 주도자 로서 기성문학과는 다른, 새로운 문학적 가치를 추구하고 있었다. 그는 당시에 유행하던 사실주의 사조와는 다른 감각적 표현을 사용 해 절대미의 세계에 도달할 수 있다고 믿었다. 그가 쓴 글 「신문장론」에는 『설국』에서 애타게 시도한 자신의 문학적 실험에 대해 설명하는 부분이 있다. "작품의 형태를 정비하고 균형을 유지하기 위해 현실적인 필연을 죽였다"는 것이다. 절대미의 완성이라는 주관적인 필요를 위해 현실성을 희생시킨 것이라고 볼 수 있다.

그래서인지 『설국』은 끊임없이 현실을 이야기하면서도 비현실적이다. 분명 현실에서 충분히 존재할 만한 인물들을 등장시켜 현실에서 벌어질 법한 일들을 그리고 있지만, 이상하게도 비현실적으로 다가온다. 사실주의 소설에서나 볼 수 있을 법한 치밀한 묘사도 『설국』에서는 비현실의 세계로 자리를 옮겨 앉는다. 나는 이것이 가와바타 야스나리가 실행하고자 했던 "현실성의 희생"일 수도 있다는 생각이 들었다. 그는 이를 두고 '정신주의 문학'이라는 말을 썼다. 단순히 주관적인 현상을 묘사하는 것에서 벗어나, 현실을 넘어선 직감과 정신성을 문학에 부여하겠다는 의미다.

"고독과 비애와 소극적 성격 때문에 문학을 했다"는 그의 회고를 보면, 그에게 현실을 뛰어넘는 시각을 가져다준 힘은 바로 이 지긋지긋한 '고독과 비애'가 아니었을까 싶다. 그는 이미 허무해서 아무것도 아닌 세상을 현실적으로 살고 싶지 않았던 것이다.

캄캄한 곳에서 마시는 술

에치고유자와 역 개찰구를 지나 대합실로 들어서면 사케 전시장이 가장 먼저 눈에 띈다. '사케'라는 단어는 한자로 '酒'라고 쓰는

데, 일본에서는 원래 모든 술을 사케라고 부른다. 하지만 한국에서는 위스키, 맥주, 소주처럼 술의 한 종류를 의미하는 말로 쓰인다. 쌀로 빚은 일본식 청주를 사케라고 부르는 것이다. 우리나라에서는 이 청주를 예전에는 '정종正宗'이라고 불렀는데, 일본인들이 '마사무네正宗'라고 발음하는 정종은 일본식 청주 브랜드 중 하나일 뿐이다. 일제강점기 때 부산에 최초로 세워진 청주 공장에서 만든 사케 브랜드가 '정종'이었는데, 훗날 이것이 일본 청주를 총칭하는 이름이 된 것이다.

일본 청주는 그 맛이 일품이다. 가장 큰 이유는 일본의 쌀 때문이다. 일본 사람 중에는 "한국은 해가 많이 들어 과일이 맛있고, 일본은 비가 많이 내려 쌀이 맛있다"는 말을 신봉하는 사람들이 꽤 많다. 일본에 처음 거주하게 된 한국인들은 마트에 있는 쌀 코너에 가보고 깜짝 놀란다. 우선 쌀의 종류가 너무나 많다. 가격도 천차만별이다. 가장 싼 쌀과 가장 비싼 쌀의 가격 차이가 다섯 배 이상 나기도 한다. 주머니 사정이 넉넉하지 않은 유학생들은 보통 중하급 정도 되는 쌀을 사 먹는데, 이것도 밥맛이 일품이다.

일본에서 최고로 치는 쌀은 '고시히카리越光'다. 니가타 현은 바로 이 고시히카리의 고향이다. 고시히카리는 반찬이 따로 필요 없을 정도로 맛있다는 쌀이다. 이 고시히카리 중에서도 에치고유자와에서 그리 멀지 않은 우오누마魚沼의 고시히카리를 첫손가락에 꼽는다. 고시히카리로 지은 밥은 찰기와 윤기는 물론 특유의 구수한 쌀 향기가 짙다. 그래서 일본 사람들은 고시히카리를 가지고는 덮밥이나 볶음밥을 만들지 않는다. 쌀 자체의 맛을 즐기기 위해서다. 니가타 사케는 이 고시히카리로 만든 술이니 얼마나 감미롭겠는가.

일본 최고의 물이라고 하는 스가나다케普名岳 설산에서 흘러내린 물에 고시히카리로 담근 사케는 『설국』과 더불어 니가타 현을 세상에 알린 일등 공신이었다. 니가타에서 생산되는 사케 브랜드는 200개가 넘는다고 한다. 니가타 사케는 매우 엄밀한 공정을 통해 만들어지는 것으로 유명하다.

보통 사케는 쌀을 30~50퍼센트 정도 깎아낸 정미로 만든다. 쌀의 외피에 있는 영양분이 술에 들어가면 특유의 감칠맛에 영향을 주기 때문이다. 이런 쌀을 발효시키기 위해서는 사전 준비가 필요한데, 세척하는 세미洗米, 물에 담가놓는 침지浸漬 과정을 거친 다음 쌀을 찐다. 여기에 누룩을 번식시켜 배양해서 주모(酒母, 술의 원료)를 만들고, 다시 찐 쌀과 누룩과 물을 배합하는 반복 과정을 거쳐 모로미(諸味, 거르지 않은 술)를 만들어 이것을 한 달 동안 발효시킨다. 발효된 모로미를 천으로 만든 주머니에 넣어서 압축시키는 과정을 거쳐 다시 거대한 솥에 넣고 열을 가한 다음 걸러내면 사케가 만들어진다. 제조 과정에서 가장 눈길을 끄는 것은 알코올을 따로 첨가하지 않는다는 점이다. 이렇게 쌀과 물로만 만든 사케를 '준마이純米'라고 한다.

에치고유자와 역에 있는 사케 전시장 '폰슈칸ぽんしゅ館'은 니가타 지역에서 나는 각종 사케를 저렴한 가격으로 맛볼 수 있도록 꾸며 놓았다. 사케와 더불어 니가타 지역에서 나는 특산물로 만든 각종 안주류도 다양하고 맛있다. 전시장 입구에 있는 술 취한 남자들의 조각상은 이곳의 명물이다. 술병을 들고 웃는 남자, 벽에 손을 짚고

사케 전시장 '폰슈칸'

에치고유자와 역 내부에 자리하고 있는 사케 전시장으로, 100여 가지 사케를 저렴한 가격으로 시음할 수 있다. 술에 취한 남자들의 마네킹이 눈길을 끈다. 맛이 좋기로 유명한 쌀 고시히카리의 고장인 니가타 현은 사케로도 유명하다.

아슬아슬하게 서 있는 남자, 심지어 바닥에 쓰러져 있는 남자까지 조각상으로 만들어놓았는데, 볼수록 웃음이 절로 난다.

『설국』에도 사케를 마시는 장면이 간간이 나온다. 물론 고주망태가 될 때까지 마시지는 않는 일본인들의 주법 때문인지 잔잔하게 스쳐가는 정도다.

사케를 마시는 장면은 소설 후반부에 주로 나온다. 고마코가 게이샤 일에 본격적으로 몸담기 시작했기 때문이다. 고마코는 가끔 료칸에 있는 술을 들고 시마무라의 방을 찾아가곤 한다. 살짝 취기에 젖은 고마코는 가벼운 듯하면서도 의미심장한 말을 남긴다.

「하지만 캄캄한 데서 들이키면 싱거워요」

─『설국』, 126쪽

무슨 의미였을까. 물론 현실적으로는 술을 가져오기 전에 이미 어두컴컴한 술 창고에서 한 잔 마셔봤다는 의미일 수도 있다. 하지만 그렇게 보기에는 이 문장은 다분히 상징적이다.

나는 이런 생각이 들었다. 이따금 설국에 불현듯 찾아드는 한 남자를 기다리는 삶. 그것이 '캄캄한 곳에서 마시는 술' 같지 않았을까. 그 남자가 보여주는 무미하고 허무한 행태가 그녀를 더욱 어둠으로 몰아가지는 않았을까.

운명과 욕망의 치열한 충돌

플랫폼을 빠져나와 지금은 현대적으로 변모한 에치고유자와 역안에 서서 소설의 한 장면을 생각한다. 시마무라와 고마코와 요코. 이렇게 세 사람이 함께 있는 장면이다. 시마무라가 두 번째로 설국을 찾았다 다시 도쿄로 떠나는 날의 모습이다. 떠나는 시마무라와 그를 배웅하는 고마코는 감정을 숨기기 위해 눈에 대한 대화를 나눈다.

시마무라가 밖을 내다보며 "내가 온 뒤로 눈이 꽤 녹았군"(『설국』, 71쪽)이라고 말하자 고마코는 녹았다가도 이틀만 더 내리면 전봇대 전등도 눈에 파묻힌다며 겨울이 가려면 아직 멀었음을 말한다. 흡사 자신의 감정은 녹지 않았다는 듯이.

"요 앞 마을 중학교에선 눈 온 아침에 기숙사 2층 창문에서 알몸으로 눈에 뛰어든대요. 몸이 눈 속에 푹 파묻혀 보이지 않게 되죠. 그래서 수영하듯 눈 속을 헤엄치며 돌아다닌대요."(『설국』, 71쪽) 이런 대화가 잠시 오간 후 갑자기 고마코는 까마귀 이야기를 꺼낸다. "기분 나쁜 까마귀가 울고 있어요. 어디서 우는 걸까? 추워요."(『설국』, 72쪽)

이때 온천 마을에서 역으로 통하는 도로를 뛰어오는 요코의 눈바지가 보인다. 유키오가 임종을 맞고 있음을 알려주러 온 것이었다. 죽어가는 유키오가 고마코를 애타게 찾고 있다는 전갈이었다. 하지만 고마코는 가기를 거부한다. 상징적으로 보자면, 도쿄로 떠나는 시마무라를 배웅하기 위해 영원히 다른 세상으로 떠나는 유키오를 배웅하지 않겠다는 것이다. 이 상징적인 장면에서 고마코는 순간

두세 걸음 비틀거린다. 이를 본 시마무라는 유키오의 임종을 볼 수 있도록 고마코를 돌려보내야겠다고 마음먹는다.

"빨리 돌아가, 바보 같긴."(『설국』, 73쪽) 시마무라 입장에서는, 자신의 운명을 뒤틀리게 한 유키오의 임종을 보지 않겠다는 고마코의 고집이 이해가 되지 않았을 것이다. 하지만 게이샤가 되어서까지 유키오의 병 수발을 도왔던 고마코가 그의 마지막을 보지 않겠다고 한 것은 과거와 현재, 혹은 숙명과 욕망 사이에 선 그녀의 간절한 선택일 수도 있다. 적어도 나의 생각은 그렇다.

여기서 유키오는 과거이자 숙명이고, 시마무라는 현재이자 욕망이다. 바로 이 에치고유자와 역 대합실에서 고마코는 현재이자 욕망인 시마무라를 선택한 것이다.

이때 또 다른 여인 요코는 식물처럼 서서 이 과정을 지켜본다. 바로 이 부분이다.

> 요코는 멍하니 굳어진 채로 고마코를 응시했다. 그러나 표정은 너무나 진지해서 화가 난 건지, 놀란 건지, 슬픈 건지 알 수가 없고 왠지 가면처럼 무척 단순해 보였다.
>
> ─『설국』, 73쪽

이런 두 사람을 지켜보는 시마무라의 시선은 소설 전체를 관통하는 하나의 절실한 이야기 장치이자 모티프다. 시마무라는 요코라는 여인에게서는 수동적이고 정적이고 식물적인 매력을 느끼고, 고마코에게서는 능동적이고 동적이고 동물적인 매력을 느낀다.

시마무라가 두 여인을 동시에 한 장소에서 마주치는 역 대합실을 묘사한 짧은 장면에서조차 그 이중적 시선이 낱낱이 드러난다. 시마무라는 요코를 달래서 돌려보내며 "요코의 슬프도록 아름다운 목소리"가 눈 쌓인 산에 메아리쳐 자기 귀에 남아 있을 것이라는 둥 하면서 그녀에 대한 동경을 드러낸다.

하지만 불과 몇 문장 뒤에서는 고마코에게 "육체적인 증오를 느꼈다"고까지 표현한다. 그러나 곧이어 고마코가 일기를 태워버리겠다고 말하자, 그녀를 유키오에게 보내는 것을 포기한다.

결국 시마무라는 교집합이라고는 없는 두 여인 사이, 그 둘의 자기장이 팽팽하게 부딪치는 어떤 지점에 놓여 있는 것이다. 그 지점이 바로 에치고유자와 역 대합실이다.

물론 지금 에치고유자와 역 대합실에는 세 사람이 서 있던 자리의 석탄 난로는 사라진 지 오래다. 시마무라가 일기를 태워버리겠다는 고마코를 뒤로한 채 기차에 오르던 그날에는 기껏해야 마을 사람 서너 명이 기차를 타고 내렸겠지만, 지금 기차는 하루에도 수천 명을 싣고 현실과 환상의 공간을 왕복하고 있다.

가와바타 야스나리의 엽서 한 장까지 보존하고 있는 니가타 현이 왜 에치고유자와 역 구舊역사는 보존하지 않았는지 의문이 들었다. 석탄 난로가 피어오르던 그 역사의 풍경이 머릿속에서 맴돌았다.

에치고유자와 역 서쪽 출입구로 나오면 작은 역 광장을 지나자마자 곧바로 왕복 2차선 도로를 만난다. 이 도로는 『설국』에서 무척 중요한 역할을 한다. 가와바타 야스나리가 묵었던 다카한 료칸과

역을 연결해주는 유일한 길이자 마을 전체를 관통하는 가장 큰 길이기 때문이다.

가와바타 야스나리는 아마도 글을 쓰기 위해 마을에 묵는 동안 이 길을 수없이 산책했을 것이다. 그리고 때로는 이 길 위에서 고마코의 실제 모델인 게이샤 마쓰에를 기다렸을지도 모른다. 고마코가 새침한 표정으로 발걸음을 재촉하곤 하던 모습도, 시마무라가 '도쿄'라는 현실로 돌아가기 위해 쓸쓸한 걸음을 내디뎠던 장면도, 모두 이 길 위에 추억으로 새겨져 있었다.

도로에 접어들어 상점 몇 개를 지나면 '설국관雪国館'이라는 간판이 걸려 있는 건물이 눈에 들어온다. 『설국』이 쓰인 다카한 료칸에 도착하려면 아직 멀었는데 웬 설국관인지 의아했다. 들어가보니 3층 건물에서 『설국』 관련 전시를 하고 있었고, 그뿐 아니라 이 지역의 향토문화전시장 역할도 겸하고 있었다. 가까이 가서 보니 전시장의 정식 명칭도 '유자와마치 역사민속자료관 설국관湯沢町歴史民俗資料館「雪国館」'이라는 긴 이름이었다.

이 민속자료관에는 이 지역 가옥을 재현해놓은 방이 있고, 화로 주전자 등 생활용품들이 전시되어 있다. 그리고 옆에는 농사와 채집, 사냥 등에 사용했던 도구들과 오래된 사진들이 걸려 있다. 눈이 많이 내리는 지역의 오래전 생활상을 한눈에 볼 수 있는데, 일본 스키의 발상지답게 스키 관련 자료들이 눈길을 끈다.

가와바타 야스나리의 흔적을 찾기 위해 그곳에 갔으니 1층 『설국』 관련 전시에 관심이 갈 수밖에 없었는데, 『설국』을 주제로 그린 일본화 열네 점이 어두컴컴한 전시실에 유물처럼 걸려 있었다. 그

중 한쪽 벽면을 장식하고 있는 50호짜리 그림이 있었다. 후나미즈 노리오라는 화가가 그린 〈고마코駒子〉라는 작품으로, 채색이나 분위기가 너무도 생생했다. 가와바타 야스나리가 입었던 옷가지, 사용했던 찻그릇과 회중시계, 직접 쓴 글씨 등도 전시되어 있었다.

특별히 눈에 들어온 건 인위적으로 만들어놓은 작은 방이었다. 방의 이름은 '고마코의 방'. 고마코가 창가에 앉아 누군가를 기다리는 모습을 모형으로 제작해놓았다. 왜 하필 이곳에 '고마코의 방'을 만들었는지에 대한 궁금증은 설명을 읽으니 곧 풀렸다.

설국관이 있는 자리가 바로 고마코의 실제 모델인 마쓰에가 살던 숙소였던 것이다. 1920~1930년대에 온천 붐과 스키 붐이 불고 시미즈 터널이 완성되면서 에치고유자와에 관광객들이 많이 몰려들었는데, 그 무렵 게이샤들은 이 자리에 있던 대기소에서 머물다 호출이 오면 손님을 맞으러 나가곤 했다. 가와바타 야스나리는 1934년에 처음 에치고유자와를 방문해 당시 열아홉 살이었던 마쓰에를 만난다. 그가 서른다섯 살 때였다.

설국관 자료에 따르면, 마쓰에의 본명은 고다카 기쿠小高キク다. '기쿠'는 국화라는 뜻이니 본명이 참 분위기 있다는 느낌이 들었다. 마쓰에는 1915년에 태어나 1999년까지 살았으니 꽤 장수한 셈이다. 그녀는 스물세 살 때 에치고유자와를 떠나 도쿄로 이사했고, 스물일곱 살에 결혼해 평범하게 살았다고 한다. 가난한 집안에서 태어나 학교를 중퇴하고 10대 후반에 게이샤가 된 마쓰에는, 가와바타 야스나리를 처음 만났던 날을 이렇게 술회한다.

유자와마치 역사민속자료관 설국관

『설국』관련 전시 자료는 물론, 에치고유자와 지역의 전통 생활상을 한눈에 엿볼 수 있는 전시장이다. 이 건물 자리에 고마코의 실제 모델인 마쓰에가 살던 숙소가 있었다고 한다. 사진 오른쪽에 가와바타 야스나리가 직접 쓴 『설국』의 첫 문장이 보인다.

고마코의 실제 모델인 마쓰에

『설국』의 주인공인 고마코의 실제 모델로 알려진 마쓰에의 젊은 시절 모습. 깨끗하면서도 당돌하게 그려진 소설 속 고마코의 이미지와 겹쳐진다. 그녀는 10대 후반에 게이샤가 되었고, 스물세 살에 도쿄로 떠나 스물일곱 살에 결혼한 뒤에는 평범하게 살았다고 한다.

"큰 눈으로 무엇인가를 가만히 응시하는 말이 없는 사람이었어요. 내가 샤미센을 타면 가만히 듣고 있었어요. 가와바타 씨는 술을 많이 안 마셨고 주로 제가 마셨어요."

물론 『설국』에 나오는 것처럼 둘 사이에 어떤 사연이 있었는지는 자세히 알 수 없다. 하지만 가와바타 야스나리가 이 앳되고 예쁜 게이샤를 보고 어떤 캐릭터를 떠올렸던 것만은 분명한 사실이다. 실제로 1957년 『설국』이 영화로 만들어졌을 때 이곳을 떠나 살던 마쓰에는 영화사 초청으로 촬영 현장을 방문하기도 했다. 1968년 가와바타 야스나리는 노벨문학상을 받은 이후 마쓰에와 이곳에서 오랜만에 대면하기도 했다. 수상을 기념한 의례적인 행사였겠지만, 이 자리에서 가와바타 야스나리가 마쓰에에게 감사 인사를 했다고 전해진다.

소설 속에서 고마코는 깨끗한 이미지와 당돌한 모습으로 그려진다. 읽다 보면 자연스럽게 고마코의 모델인 마쓰에의 모습이 궁금해질 수밖에 없다. 다행히도 그 궁금증은 쉽게 풀린다. 마쓰에의 사진 몇 장이 남아 있기 때문이다. 전시장에 걸려 있는 오래된 흑백사진이지만 그녀는 충분히 깨끗하다. 가와바타 야스나리가 어떤 느낌을 받았을지 눈치채는 건 그리 어렵지 않았다.

그렇다면 요코는 실존 인물이었을까? 실존 인물이 아니었다는 것이 정설이다. 요코는 설국이라는 환상의 공간을 위해 새롭게 창조된 인물이 아닐까.

생에 대한 기억은 이미지로 남는다

가와바타 야스나리의 『설국』은 1968년 일본에는 첫 번째이자 아시아에는 두 번째로 노벨문학상을 안겨준 작품이다. 온천 마을인 니가타 현 에치고유자와를 배경으로, 도쿄에서 온 시마무라와 그곳에서 만난 여인 고마코, 여기에 요코라는 또 다른 상징적인 여인의 이미지가 중첩되면서 소설은 묘한 분위기를 풍기며 전개된다.

『설국』을 읽고 실망했다는 사람들을 종종 만난다. "재미가 없다"는 반응에서부터 "너무 밋밋하다" "이해하기 어렵다" 등의 이야기를 자주 듣는다. 내 생각에 이런 반응은 『설국』에 대한 잘못된 접근 방식에서 비롯된 것으로 보인다. 『설국』은 인과관계가 분명한 여타 소설들과는 조금 다른 독법으로 읽어야 한다. 우리가 소설에 접근하는 익숙한 방식인 줄거리 위주 독법이나 기승전결을 염두에 둔 흔한 독법으로 읽다 보면 『설국』에 내재되어 있는 여러 가지 암시적 장치들을 놓치고 만다.

결론부터 말하면 『설국』은 일종의 '암시 소설'이다. 『설국』에는 사건과 그 사건들이 결합해 결말로 향해 가는 뚜렷한 줄거리가 없다. 게다가 주인공들의 캐릭터와 감정 표현도 애매하기 짝이 없다.

『설국』은 줄거리의 소설이 아니라 이미지의 소설이다. 『설국』에 나오는 모든 배경은 일종의 논리가 아닌 이미지다. 시마무라가 살고 있는 도쿄라는 현실 세계가 아닌 터널 밖의 세계, 즉 에치고유자와라는 이미지의 세계에 관한 이야기이다. 소설은 도입부부터 우리가 이미지의 세계로 들어가고 있음을 암시한다. 에치고유자와에 도착한 순간을 묘사하는 부분에 드러나는 이미지, 어둠 속 기차 차창에 비친 신비로운 이미지, 바로 그 이미지에서 소설은 시작한다.

> 거울 속에는 저녁 풍경이 흘렀다. 비쳐지는 것과 비추는 거울이 마치 영화의 이중노출처럼 움직이고 있었다. 등장인물과 배경은 아무런 상관도 없었다.
> —『설국』, 12쪽

실재의 세계와 암시의 세계를 구분하는 시미즈 터널은 군마 현과 니가타 현을 연결하는, 길이 9,702미터의 터널이다. 1922년 착공해 『설국』이 쓰이기 4년 전인 1931년 9월에 개통되었다. 건설 당시 시미즈 터널은 아시아에서 가장 긴 터널이었다. 이 터널 개통과 함께 도쿄와 니가타를 잇는 조에쓰선上越線이 개통되었고, 에치고유자와의 온천이 세상에 알려지게 된다. 여행을 좋아했던 가와바타 야스나리는 조에쓰선을 타고 에치고유자와를 찾아가 『설국』을 구상하고 집필한다.

『설국』을 집필하는 데에는 꽤 긴 시간이 걸렸다. 1935년부터 1947년까지 《문예춘추》를 비롯한 여러 매체에 분재했던 것에 새로 쓴 내용을 더해 1948년 소겐샤創元社에서 완결판을 출간했다. 가와바타 야스나리는 실제로 에치고유자와를 자주 방문했고, 오랜 시간 머물기도 하면서 작품을 구상하고 고쳐 썼다. 그 자신도 터널을 사이에 두고 끊임없이 현실 세계와 환상의 세계를 넘나들며 『설국』과 만나고 헤어졌던 것이다.

1946년 가마쿠라 자택에서

1946년은 제2차 세계대전에서 패한 일본이 평화 헌법을 제정한 해일 뿐만 아니라, 가와바타 야스나리가 제자이자 문학적 도반인 미시마 유키오를 만난 해이기도 하다. 겉으로 드러나지는 않더라도 1946년은 가와바타 야스나리에게 변화의 바람이 불었던 해였던 것만큼은 분명하다.

주인공 시마무라는 부모의 재산으로 무위도식하면서 유럽 무용을 비평하는 평론가다. 그는 실제로는 본 적 없는 유럽 무용을 비평한다. 이 또한 재미있다. 주인공의 직업이 실제로 보지도 않은 유럽 무용을 평론하는 일이라는 점이 매우 상징적이다.

시마무라는 소설 속에서 실재하는 어떤 상황에 뛰어들지 않는다. 그는 늘 한발 물러서서 관찰하는 견자見者의 입장을 지킨다. 때로는 비겁해 보이기도 하고, 때로는 무심해 보이기도 한다. 어떤 경우 초월의 의미로도 읽힌다.

소설 속에서 시마무라의 무용 평론에 대해 언급하는 구절이 있다. 이 의미심장한 구절을 꼼꼼히 보면, 견자의 시각으로 쓰인 『설국』의 분위기를 어느 정도 짐작할 수 있다.

보지 못한 무용은 이 세상에 존재하지 않는 이야기나 마찬가지다. 이보다 더한 탁상공론이 없고 거의 천국의 시(詩)에 가깝다. 연구라 해도 무용가의 살아 움직이는 육체가 춤추는 예술을 감상하는 것이 아니라, 제멋대로의 상상으로 서양의 언어나 사진에서 떠오르는 그 자신의 공상이 춤추는 환영을 감상하는 것이다. 겪어보지 못한 사랑에 동경심을 품는 것과 흡사하다.

—『설국』, 25쪽

바로 이 견자의 입장으로 『설국』을 읽으면 우리는 『설국』의 매력을 충분히 느낄 수 있다. 시마무라에 빙의되어 고마코를 만나고 그녀와 사랑을 나누고 그녀의 이야기를 듣다 보면, 이 소설이 주는 참

맛과 쾌감을 느낄 수 있다.

가와바타 야스나리가 좋아했다는 료칸良寛의 절명시 한 구절처럼 어차피 모든 생에 대한 기억은 결국 이미지로 남는 것 아닌가.

내 삶의 기념으로서
무엇을 남길 건가
봄에 피는 꽃
산에 우는 뻐꾸기
가을은 단풍 잎새

하얀 풍경 속 묵직한 허무

설국관을 나와 가와바타 야스나리가 『설국』을 집필했던 실제 장소인 다카한 료칸으로 가는 길에 눈이 내렸다. 이미 겨우내 폭설이 내려 온통 눈으로 덮여 있는 마을에 또 눈이 내리는 모습은 묵직한 허무로 다가왔다. 흐린 하늘 아래 숨어 있는 조용한 마을, 그 마을을 뒤덮을 것처럼 하염없이 내리는 눈. 그 위를 걷고 있는 몇 안 되는 사람들.

가와바타 야스나리가 머물던 시절에는 도로 위에도 눈이 쌓여 통행에 지장이 있었겠지만 지금은 그렇지 않다. 중앙선에 설치된 스프링클러에서 끊임없이 물이 뿜어나와 눈을 녹이고 있었다. 도로 양편에는 하얀 성벽처럼 사람 키를 넘을 만큼 눈이 쌓여 있었지만

제각기 산의 원근(遠近)이나 높낮이에 따라 다양하게 주름진 그늘이 깊어가고,
봉우리에만 엷은 볕을 남길 무렵이 되자, 꼭대기의 눈 위에는 붉은 노을이 졌다.

— 『설국』

도로 위는 놀라울 만큼 말끔했다. 눈에 뒤덮인 마을과 눈이 전혀 없는 검은색 아스팔트 도로는 묘한 대비로 다가왔다. 도로에 눈이 없으니 차들이 빠르게 달릴 수 있었는데, 달려가는 차들이 코너를 도는 순간 시야에서 사라지는 바람에 흡사 눈 속으로 차들이 돌진하는 것처럼 보였다.

역에서 다카한 료칸에 이르는 2.5킬로미터쯤 되는 길에서 가장 많이 눈에 띄는 곳이 스키 대여 가게이다. 혼슈에서 눈이 가장 많이 내리는 지역답게 이곳은 일본 스키의 성지다. 가와바타 야스나리가 머물던 1930년대에도 이곳에는 스키장이 많이 있었다.

> 일고여덟 집 건너 있는 스키 제작소에서 대패질 소리가 들려온다. 그 반대편 처마 그늘에 게이샤 대여섯 명이 서서 이야기를 나누고 있었다. 오늘 아침 여관 하녀한테서 그 예명(藝名)을 들어 알게 된 고마코[駒子]도 거기 있으려니 생각되었는데, (…)
>
> —『설국』, 46쪽

이처럼 에치고유자와를 묘사할 때 스키장이 여러 번 등장한다. 현재 유자와에는 스키장이 10여 곳 있다. 마을 인구나 규모로 보면 엄청난 숫자다. 슬로프가 50개가 넘는 초대형 스키장도 있다.

에치고유자와 역을 지나면 얼마 안 가서 갈라유자와 역이 있다. 이 역에는 겨울철에만 기차가 서는데, 역 대합실이 곧바로 스키 리프트로 연결되는 것으로 유명하다. 도쿄의 직장인들이 정장 차림으로 퇴근해 이곳에서 옷을 갈아입고 곧바로 리프트에 오를 수 있게 되어 있다.

근처에서 가장 유명한 스키장인 나에바는 1,789미터에 이르는 나에바 산에 설치된 코스가 세계적으로 유명하다. 나에바 산에서 아시아 최장(5.5킬로미터)인 곤돌라를 이용하면 가구라 산에 조성된 스키장으로 연결된다. 이들 스키장은 제설製雪을 하지 않기로 유명하다. 인간의 손이 닿지 않은 자연 그대로의 눈 위를 내리닫는 것은 많은 스키어들의 꿈이리라.

어둑어둑해질 무렵이면 스키장은 묘한 분위기를 자아내는데, 소설 속에서도 이런 풍경을 상세히 묘사하고 있다. 시마무라가 숙소에서 창밖 풍경을 그린 부분이다.

> 제각기 산의 원근(遠近)이나 높낮이에 따라 다양하게 주름진 그늘
> 이 깊어가고, 봉우리에만 엷은 볕을 남길 무렵이 되자, 꼭대기의 눈
> 위에는 붉은 노을이 졌다.
> 마을 냇가, 스키장, 신사 등 군데군데 흩어져 있는 삼나무숲이 거뭇
> 거뭇 눈에 띄기 시작했다.
> 시마무라가 허무한 애수에 젖어 있을 때, 따스한 불빛이 켜지듯 고
> 마코가 들어왔다.
> ─『설국』, 55쪽

삼나무는 일본의 숲에서 흔히 볼 수 있는 대표적인 나무다. 곧게 자라는 데다 겨울에도 짙은 빛깔을 유지해 보기가 좋다. 나무의 실루엣은 어두울 때 보면 신령스러운 느낌마저 든다. 하지만 최근

에치고유자와의 스키장

1930년대 가바와타 야스나리가 『설국』을 집필할 때에도 에치고유자와에는 스키장이 많았다. 이곳 스키장을 찾는 이유 중 하나는 높은 산 위에서 매력적인 설국의 풍경을 제대로 감상할 수 있기 때문이다.

에는 삼나무가 일본의 골칫거리로 전락하고 있다는 이야기도 들린다.

사실 일본의 삼나무는 자연스럽게 자란 것들도 있겠지만 대부분은 일본 정부가 전쟁으로 황폐해진 산림을 복원하기 위해 대대적으로 인공 식재를 한 것들이다. 빠른 속도로 곧게 자라기 때문에 목재로서 활용 가치가 높자 일본 정부는 삼나무를 조림수로 선택한 것이었다. 하지만 문제는 꽃가루다. 삼나무는 봄이 되면 엄청난 양의 꽃가루를 날리는데, 이것이 알레르기를 일으킨다. 봄에 일본을 방문하면 마스크를 한 사람들이 자주 눈에 띄는 것도 이 꽃가루 때문이다. 땔감이나 건축 자재로 목재를 사용하는 비중이 크게 줄면서 삼나무는 점점 더 무성해지고 있어 삼나무 꽃가루는 일본의 골칫거리가 되고 있다.

그래도 어쨌든 겨울 눈 속에 서 있는 삼나무는 근사한 풍경을 만들어낸다. 소설 속 한두 문장만으로도 충분히 상상할 수 있다. 삼나무 몇 그루만이 우뚝 서 있는 풍경. 사위는 점점 어두워지고 시마무라는 방에 불을 켤 생각도 하지 않은 채 멍하니 앉아 있다. 어두워지는 속도에 따라 창밖을 내다보는 시마무라의 마음도 함께 가라앉는다. 그 순간 "따스한 불이 켜지듯" 고마코가 방문을 열고 들어서는 것이다.

다카한 료칸이 있는 마을에 못 미쳐 철로 변에는 소설에 등장하는 스와사諏訪社라는 이름의 신사가 있다. 신칸센 열차 길이 뚫리고 마을의 형태가 변화하면서 주변 풍광은 많이 달라졌지만, 소설에 나오는 돌사자와 평평한 바위, 커다란 삼나무는 여전히 건재하다. 특히 수명이 400년이나 된 삼나무는 시마무라와 고마코의 사연을 다 내려다본 듯 신령스럽게 그 자리를 지키고 서 있다.

이 신사는 소설의 생성 과정에서 아주 중요한 장소다. 가와바타 야스나리가 마을 산책 중 이곳에서 『설국』을 구상했다고 전해지기 때문이다. 실제로 신사에는 예사롭지 않은 분위기가 풍겼다.

> 여자는 고개를 돌려 삼나무숲 속으로 천천히 들어갔다. 그도 말없이 따라 들어갔다.
>
> 신사(神社)였다. 이끼 긴 돌사자 상(像) 옆 평평한 바위에 여자가 걸터앉았다. (…)
>
> 그 삼나무는 손을 뒤로해서 바위를 짚고 가슴을 젖히지 않고서는 눈에 다 들어오지 않을 만큼 키가 컸고, 게다가 너무나 일직선으로 줄기가 뻗어 짙은 잎이 하늘을 가로막는 바람에 막막한 정적이 울릴 듯했다. 시마무라가 등을 기댄 줄기는 그중 가장 해묵은 것이었는데 어찌된 셈인지 북쪽으로 난 가지만이 윗부분까지 모조리 메말랐고 그나마 남아 있는 밑둥은 뾰족한 말뚝을 거꾸로 줄기에 갖다 붙인 듯해, 어쩐지 무서운 신(神)의 무기처럼 보였다.
>
> ―『설국』, 29쪽

내 눈앞에 있는 이 삼나무가 시마무라가 등을 기댔던 삼나무인지는 정확히 알 수 없었지만, 세월이 한참 지난 지금도 여전히 "신의 무기"같은 분위기로 주변을 압도하고 있었다.

『설국』에 등장하는 스와사

에치고유자와 마을에 위치한 800년 넘은 오래된 신사이다. 『설국』의 주인공 시마무라는 설국
을 첫 번째로 방문했을 때 고마코와 함께 이곳을 찾는다. 실제로 가와바타 야스나리가 소설
구상을 위해 이곳에 여러 번 들렀다고 전해진다.

스와사는 아주 오래된 신사다. 1200년경 건립됐다고 하니 무려 800년이 넘은 역사를 지닌 곳이다. 아마 에치고유자와 역사를 거의 같이하지 않았을까 싶다.

주인공 시마무라가 이곳 신사에서 고마코와 오랜 시간을 보낸 것은 시마무라가 설국을 첫 번째로 방문했을 때다. 이제 막 서로를 알아가던 두 사람은 떨리고 설레는 감정으로 이 신사를 찾았을 것이다. 소설에는 이런 상황이 충분히 그려져 있다. 소설에서 시마무라가 말하는 고마코의 이미지는 시종일관 '깨끗함'인데, 그 깨끗함의 정점을 이루는 묘사가 스와사를 배경으로 나온다.

등산로에서 내려와 우연히 고마코를 만난 시마무라가 며칠 후 고마코의 모습을 관찰하며 이렇게 독백하는 장면이다.

시마무라는 자신이 싫어지는 한편 여자가 더없이 아름답게 보였다. 삼나무숲 그늘에서 그를 부른 이후, 여자는 어딘가 탁 트인 듯 서늘한 모습이었다.

가늘고 높은 코가 약간 쓸쓸해 보이긴 해도 그 아래 조그맣게 오므린 입술은 실로 아름다운 거머리가 움직이듯 매끄럽게 펴졌다 줄었다 했다. (…) 다소 콧날이 오똑한 둥근 얼굴은 그저 평범한 윤곽이지만 마치 순백의 도자기에 엷은 분홍빛 붓을 살짝 갖다 댄 듯한 살결에다, 목덜미도 아직 가냘퍼, 미인이라기보다는 우선 깨끗했다.

—『설국』, 30~31쪽

가와바타 야스나리는 무려 반쪽 분량의 지면에 고마코의 외모를 묘사한다. 흡사 서로 어울리지 않을 수 있는 사조인 극사실주의와 추상표현주의를 섞어놓은 듯한 느낌이 든다. 소설 곳곳에서 만나는 이런 탐미적 접근 태도는 사실 가와바타 야스나리 문학의 중요한 구성 요소다. 그의 소설은 이른바 '신문예'라고 주로 일컬어지는데, 실제로 가와바타 야스나리 문학은 흔히 말하는 신문예니 신감각이니 하는 유파하고는 꼭 들어맞지 않는 유별난 개성을 지니고 있다.

가와바타 야스나리의 제자이자 동시대 소설가 미시마 유키오三島由紀夫는 "어떤 시대관념도 가와바타 씨를 기만하지는 못했다"라고 말한 바 있다. "근대, 신감각파, 지성, 국가주의, 실존철학, 정신분석 등 온갖 관념이 우리 시대를 백귀야행처럼 나돌고 있으나, 그는 그 어느 것에도 속아 넘어가지 않았다"는 것이다.

가와바타 야스나리가 대학을 졸업하고 《신사조》라는 문예지를 재창간하면서 신감각파의 일원으로 활동했던 것은 사실이다. 하지만 미시마 유키오의 말대로 그의 작품 세계는 점차 자기만의 세계로 나아간다. 청년 시절에는 허무와 우수가 넘치는 서정적인 작품을 주로 썼지만, 점차 '미美' 그 자체를 추구하는 세계로 천착해 들어가기 시작한 것이다. 그 완결판이 바로 『설국』이다. 바로 다음과 같은 장면에서 가와바타 야스나리가 도달하고자 했던 '절대미'의 세계를 맛볼 수 있다.

적당히 피로해졌을 무렵, 문득 방향을 바꾸고는 유카타† 자락을 걷어올려 한달음에 뛰어내려오자, 발밑에서 노랑나비가 두 마리 날아올랐다.

나비는 서로 뒤엉키면서 마침내 국경의 산들보다 더 높이, 노란빛이 희게 보일 때까지 아득해졌다.

† 유카타(浴衣) : 여름철이나 목욕을 한 후에 입는 홑옷.

— 『설국』, 28쪽

『설국』을 읽다 미궁에 빠지다

독자들은 『설국』을 읽으면서 자주 미궁에 빠진다. 스토리가 단선적으로 진행되지 않기 때문이다. 가장 큰 이유는, 소설이 시간 순서대로 정주행을 하지 않기 때문이다. 소설의 구성은 시마무라가 설국을 방문했을 때 일어난 사건들을 중심으로 흘러가는데, 그 부분에서 혼돈이 생기기 쉽다. 방문 순서대로 소설이 진행되지 않기 때문이다.

더구나 한 방문에서 다른 방문 때의 이야기로 넘어갈 때 구렁이 담 넘듯이 은근슬쩍 전개되므로 그 분기점을 놓치기가 쉽다. 방문 횟수를 미리 염두에 두고 읽으면 이런 혼란을 줄일 수 있다.

소설에서 시마무라는 설국을 세 번 방문한다. 세 번의 방문이 스토리 전개상 매우 절실한 역할을 하지만, 각각의 방문이 중요한 의미를 지니는 이유는 또 있다. 세 번 모두 다른 계절에 방문했기 때문에 설국의 계절적 풍광과 고마코의 감정 상태를 묘사하는 부분이 각기 다르게 그려지는 것이다. 이 묘사 부분이『설국』의 또 다른 백미라고 할 수 있다.

시마무라는 5월에 첫 방문을 한다. 신록이 물들기 시작하는 계절이다. 이때 시마무라는 정식 게이샤로 입문하지 않은 고마코를 처음 만난다. 둘이 함께 커다란 삼나무가 있는 스와사에 가는 장면이 첫 방문 때 있었던 일이다. 다른 게이샤에게 실망한 시마무라는 신사에서 아직 게이샤가 아닌 고마코에게 말을 건다. 고마코의 차가운 답변을 들으며 시마무라는 이런 느낌을 받는다.

> 머리를 숙여 쌀쌀맞게 대답했다. 그 목덜미에 삼나무숲의 어두운 푸른빛이 감도는 것 같았다.
> —『설국』, 29쪽

시마무라는 같은 해 12월에 두 번째 방문을 한다. 소설의 첫 부분에 나오는 기차 속 장면이 시마무라의 두 번째 방문이다. 소설의 전반부는 설국을 두 번째로 찾은 시마무라가 첫 방문 때 있었던 일을 회상하는 형식이다.

이 두 번째 방문에서 시마무라는 게이샤가 된 고마코와 재회한다. 반년 만에 다시 만난 고마코에게서 시마무라는 첫 방문 때 느끼지 못했던 관능미를 느끼게 된다.

> 시마무라가 다가온 것을 알고 여자는 난간에 가슴을 대고 푹 엎드렸다. 그것은 연약하기보다 이런 밤을 배경으로 이보다 더 완고한

시마무라가 묵었던 방의 창문에서 내려다본 풍경

시마무라가 설국에 두 번째 방문한 때는 12월, 한겨울이었다. 이 창문 밖 하얀 눈을 배경으로
시마무라와 고마코는 재회했을 것이다. 저 멀리 어느 순간 녹아 사라지는 눈처럼 모든 일은,
그들의 관계는 모두 '헛수고'였을까. 이를 두고 가와바타 야스나리는 '아름다운 허무'라고 말
한 듯하다.

것은 없다는 듯한 모습이었다. 시마무라는 또 시작인가 싶었다.

그러나 산들이 검은데도 불구하고 어찌된 셈인지 온통 영롱한 흰 눈으로 뒤덮인 듯 보였다. 그러자 산들이 투명하고 쓸쓸하게 느껴졌다.

— 『설국』, 41쪽

두 번째 방문이 끝나고 시마무라가 도쿄로 돌아가는 날 유키오가 죽는다. 고마코는 유키오가 임종을 맞고 있다는 소식을 듣고도 유키오에게 가지 않고 시마무라를 배웅한다. 그녀의 순정은 이미 시마무라에게로 돌아서 있었던 것이다. 알다시피 유키오는 고마코의 옛 약혼자이며, 요코의 새 애인으로 추정되는 인물이다.

그로부터 1년 후 가을이 짙게 물드는 계절에 시마무라는 설국에 세 번째로 방문한다. 이때 그려지는 풍경 묘사가 압권이다. 터널을 지난 뒤 만나는 눈 풍경을 묘사한 두 번째 방문이 소설의 대표적인 장면으로 자리 잡고 있지만, 사실 가장 독특하고 시적인 묘사는 세 번째 방문 때 많이 나온다. 내 생각에는 소설 제목이 '설국'이 아니었다면 아마 세 번째 방문에 나오는 묘사를 기억하는 사람들이 더 많지 않았을까 싶다. 그만큼 소설 전체에 물들어 있는 허무를 가장 잘 드러내는 부분이 세 번째 방문이다.

살아 있나 싶어 시마무라가 일어나 철망 안쪽에서 손가락으로 퉁겨봐도 나방은 움직이지 않았다. 주먹으로 세게 치자, 나뭇잎처럼 툭 떨어졌다. 떨어지면서 가볍게 날아올랐다.

자세히 보니, 반대쪽 삼나무숲 앞에는 헤아릴 수 없을 정도로 잠자리떼가 흐르고 있었다. 민들레 솜털이 떠다니는 듯했다.

—『설국』, 78쪽

세 번째 방문에서 시마무라는 유키오의 무덤을 찾은 요코를 목격한다. 고마코와는 또 다른 매력을 지닌 요코가 시마무라의 뇌리에 깊이 각인된다. 그리고 며칠 후 영화 상영을 하던 창고에서 불이 나고, 시마무라는 창고 2층에서 은하수 속으로 낙하하듯 추락하는 요코를 본다. 소설의 결말이다.

한 계절이 지나면 숙명처럼 죽음을 받아들이는 나방처럼 생은 그렇게 부질없이 헛수고처럼 끝이 난다. 너무나 허무해서 오히려 순수하게 느껴지는 가와바타 야스나리 문학의 절정을 바로 이 화재 장면에서 만날 수 있다.

재미있는 것은 소설 어디에도 설국의 실제 무대가 니가타 현 에치고유자와라는 이야기는 나오지 않는다는 점이다. 가와바타 야스나리가 자신의 출세작인 「이즈의 무희」에서 '이즈'라는 지명을 명확하게 밝혔던 것과는 대조적이다.

그가 『설국』에서 구체적인 지명을 감춘 이유는 다분히 의도적이다. 앞에서 거론했지만 '설국'은 환상의 세계다. 주인공 시마무라는 터널을 지나는 순간 환상계로 들어가는 것이다. 물론 독자들도 시마무라의 시선을 따라 환상계로 함께 들어가게 된다.

가와바타 야스나리는 생전에 소설 속에 지명을 굳이 밝히지 않은 이유에 대해 "구체적인 지명은 작가 및 독자의 자유를 구속하게 되는 것 같고, 지명을 밝히는 순간 그곳에 대해 사실적으로 묘사해야 할 것 같았기 때문"이라고 말한 적이 있다.

즉 특정 지명을 밝히는 순간 다가오게 될 '사실'에 대한 중압감을 떨치기 위해 지명 공개를 피해 간 것이다. 그러고 보니 지명이 드러날 경우 『설국』은 조금 다른 느낌으로 진행됐을 수도 있겠다는 생각이 들었다.

가와바타 야스나리의 제자이자 문학적 도반이었던 미시마 유키오가 『설국』에 대해 한 말을 떠올려보면, 가와바타 야스나리가 그리고자 했던 세계가 무엇인지 감을 잡을 수 있다. 미시마 유키오는 『설국』의 주제가 "어떤 특정한 순간이 아니라, 항상 움직이고 있는 인간 생명의 각 순간을 이어주는 순수지속純粹持續"이라고 설명했다. 따라서 이는 "변화의 기록이고, 순간의 집성"이라는 것이다. 미시마 유키오는 이어 다음과 같은 말을 덧붙인다. "고마코라는 여성도 요코라는 여성도 일관된 하나의 인물이나 성격이라기보다는 생명의 각 단면과 순간으로만 그려진다. 독자는 그런 세부를 연결해서 하나의 전체상을 포착하려고 하지만 그것은 불가능하다. 애당초 정념이라는 것은 전체를 필요로 하지 않기 때문이다."

터널 밖 세상은 환상에 기반한 모자이크 같은 세상이다. 그러다 보니 소설은 독자들을 힘들게 만든다. 독자들은 습관적으로 인과관계를 통해 하나의 전체상을 포착하는 습관을 지니고 있기 때문이다. 사실 『설국』을 가장 잘 읽는 방법은 한 행 한 행, 시를 읽듯 이미지로 읽어나가는 것이다. 읽으면서 소설 전체의 인과관계를 찾거나

시미즈 터널

1931년에 완공된, 길이 9,702미터의 시미즈 터널은 당시만 해도 아시아에서 가장 긴 터널이었다. 도쿄와 에치고유자와를 연결하는 이 터널을 통해 가와바타 야스나리는 순수와 환상의 세계, 설국을 드나들었다.

그것을 논리적으로 분석하기보다는 그냥 나열된 이미지 하나하나를 감상하듯 읽어야 한다. 그렇게 읽어가다 보면 독자 스스로 어떤 '종합'에 이르게 된다.

미시마 유키오가 말한 '순수지속'은 베르그송 철학의 핵심으로, 쉽게 말해 실제 시간은 시곗바늘이 움직이는, 일정하고 기계적인 시간과는 달리 흘러간다는 개념이다. 무엇에 빠져 있을 때 시간이 어떻게 갔는지 모르게 흘러가는 것처럼, 진정한 시간은 양적 관계가 아니라 질적 관계로 구성된다고 보는 것이다.

가와바타 야스나리가 의도한 환상의 세계를 여행하는 시마무라의 캐릭터를 봐도 그가 환상계의 주연배우임이 여실하게 드러난다. 그는 일정한 직업이 없는 사람이다. '사실 세계'에 발을 들여놓지 못하고 사는 사람인 것이다. 그나마 그가 하는 일은 서양 무용에 대한 비평을 가끔 쓰는 것인데 이 역시 사실계가 아니다. 실제로 무용 공연을 보고 쓰는 것이 아니기 때문이다. 이는 매우 중요한 상징으로 사용된다. 실제로 보지 않은 무용을 평하는 시마무라의 시선이 곧 '설국'을 보는 가와바타 야스나리의 시선이기 때문이다.

소설을 읽어보면 단박에 알 수 있지만, 시마무라는 현실에 깊이 개입하지 않는 자세를 지속적으로 보여준다. 흡사 거울에 비친 풍경을 감상하듯 한발 물러서서, 마치 공연장에서 무용을 보는 것이 아니라 책에서 무용을 보듯 무대라는 현장에 빠져들지 않는 자세를 유지한다. 그 간접적인 자세가 독자들로 하여금 에치고유자와를 세상에 실재하지 않는 마을처럼 느끼게 만든다. 마치 거울 속에나 존재하는 마을처럼.

손가락으로 기억하는 여자와 눈에 등불이 켜진 여자 사이에 무슨 일이 있는지, 무슨 일이 일어날지, 어쩐지 시마무라는 마음속 어딘가에 보이는 듯한 느낌이다. 아직 저녁 풍경이 비치던 거울에서 덜 깨어난 탓일까. 그 저녁 풍경의 흐름은, 그렇다면 흐르는 시간의 상징이었던가 하고 그는 문득 중얼거렸다.

—『설국』, 16쪽

유심히 읽어본 사람은 알겠지만 여기서 "손가락으로 기억하는 여자"는 고마코이고, "눈에 등불이 켜진 여자"는 요코이다. 가와바타 야스나리는 이런 이중노출 같은 몽환적인 분위기로 시종 소설을 이끌어간다. "흐르는 시간의 상징"이라는 표현은 미시마 유키오가 말한 베르그송의 '순수지속'과 매우 잘 맞아떨어진다.

소설에서 놓치지 말아야 할 상징이 또 하나 있다. 시마무라의 직업이라고 할 수 있는 유일한 것, 서양 무용 평론이다. 왜 하필 일본 무용이 아니라 서양 무용일까.

직접 무대를 보지 않고 인쇄물에 의지해 무용평을 쓰는 시마무라는 당연히 자기 나름의 상상력에 의지해 글을 쓸 수밖에 없다. 설국에서도 그렇다. 그는 현실, 즉 실제 무대에 뛰어들기보다는 관찰과 상상으로 고마코와 요코의 머릿속을 제멋대로 그려낸다. 소설 어디에도 고마코와 요코의 내면을 직접적으로 묘사하는 부분은 없다. 그저 시마무라의 추측을 통해 만날 뿐이다. 시마무라는 고마코와 요코의 내면을 탐구하려고도 하지 않는다. 마치 무용 공연을 보지 않고 무용 평론을 쓰듯 말이다.

1938년경의 가와바타 야스나리

일본의 대표 사진작가 기무라 이헤이가 촬영한 가와바타 야스나리. 첫 단행본 『설국』이 출간되어 문예간담회상을 수상하고, 가마쿠라로 거주지를 옮겼을 무렵이다.

이제 단서가 잡힌다.『설국』은 시마무라의 행동을 따라가는 소설이 아니라 시마무라의 생각을 따라가는 작품인 것이다. 당연히 생각에는 순차적인 시간도 공간도 필요 없다. 떠오르는 것이 곧 이야기일 뿐이다.

주인공 시마무라의 모습에 작가 자신의 모습이 얼마나 투영되었느냐는 물음에 가와바타 야스나리는 "시마무라는 내가 아닙니다. 남자인지도 불분명합니다. 단지 고마코를 비추는 거울 같다고나 할까요"라고 답했다고 한다.

하지만 나는 시마무라는 곧 가와바타 야스나리였다고 생각한다. 그는 인정하지 않았지만 시마무라에게는 그 자신이 투사되어 있다. 그것도 아주 많이. 가와바타 야스나리의 인생을 다루는 부분에서 자세히 들여다보겠지만 그의 소설에 나오는 어떤 주인공도 그가 아닌 적이 없었다.

가와바타 야스나리의 방

작품의 배경이자 야스나리가 실제로 묵으며 소설을 집필한 다카한 료칸은 에치고유자와 역에서 큰길을 따라 30분 정도 천천히 걸으면 눈앞에 나타난다.

다카한 료칸은 설국 여행에서 가장 아쉬운 장소다. 예전의 모습이 거의 남아 있지 않기 때문이다. 특색 있었던 예전의 3층 건물은 온데간데없이 사라지고, 새롭게 건축한 현대식 건물이 들어서 있

다카한 료칸

『설국』의 주요 무대이자 가와바타 야스나리가 『설국』의 초안을 집필한 장소이다. 지금의 건물
은 현대식으로 개축되어 과거의 모습을 거의 찾아볼 수 없다.

다. 물론 현대식 건물 2층에 가와바타 야스나리의 방이 재현되어 있기는 하지만 뭔가 아쉽다. 기록과 보존을 잘하기로 유명한 일본인들이 왜 료칸 건물을 원래 모습과 판이하게 다르게 개축해놓았는지 궁금하다. 본래 모습을 유지하면서 개축했다면 더 좋았을 텐데 말이다.

어쨌든 다카한 료칸은 고만고만한 현대식 건물들 사이에 별 특색 없이 서 있다. 현관의 간판과 설국 산책로를 안내하는 입간판이 없다면 이곳이 『설국』의 장소인지 알기는 쉽지 않다.

옛 모습은 잃어버렸지만 다카한 료칸의 2층 방은 소설의 중심 무대이며 상징적인 공간이다. 시마무라와 고마코의 만남은 다카한 료칸의 다다미 여덟 장 크기의 방에서 가장 친밀하게 묘사된다. 그 방은 설국의 세계, 즉 환상계의 핵심이다.

> 가을 날씨가 쌀쌀해지면서 그의 방 다다미 위에는 거의 날마다 죽어가는 벌레들이 있었다. 날개가 단단한 벌레는 한번 뒤집히면 다시 일어나지 못했다. 벌은 조금 걷다가 넘어지고 다시 걷다가 쓰러졌다. 계절이 바뀌듯 자연도 스러지고마는 조용한 죽음이었으나, 다가가보면 다리나 촉각을 떨며 몸부림치고 있었다. 이들의 조촐한 죽음의 장소로서 다다미 여덟 장 크기의 방은 지나치게 넓었다.
>
> —『설국』, 113쪽

소설의 분위기를 얼마나 압축적으로 보여주는 문장인가. 몇 번을 읽어도 감탄하게 된다. 시마무라가 설국을 세 번째 방문했을 때 나오는 문장인데 '다다미 여덟 장'으로 소설 전체의 지향을 완벽하게 보여주고 있다.

소설 속에서 설국은 "조촐한 죽음의 장소"로서 손색이 없는 곳으로 그려진다. 한번 뒤집히면 일어나지 못하는 곳. 그곳이 '눈의 나라'였다.

다카한 료칸은 900년의 역사를 지닌 온천여관이다. 헤이안 시대 말기에 이곳에서 온천을 발견한 다카하시 한자에몬高橋半左衛門으로부터 현재의 36대 주인 다카하시 하루미 여사에게까지 가업이 이어지고 있다. 가와바타 야스나리가 다카한 료칸에 머물게 된 것은 35대 주인인 다카하시 하루미 여사의 부친과 도쿄대 문학부 선후배로 친분이 있었기 때문이라고 한다.

온천은 42도 정도 되는 물이 샘솟는데, 지금도 1분에 100리터의 물이 나온다고 한다. 일반적인 유황 온천인데 수질이 좋아서 인기가 높다.

현재 다카한 료칸은 동관과 남관으로 구성된 전체 6층 건물이다. 동관(본관) 2층에 가와바타 야스나리가 묵었던 방인 '가스미노마(かすみの間, 안개의 방)'를 복원해놓았다. 다행히 예전 건물을 해체할 때 당시 내부 기물들을 그대로 모아놓았다 재현했다. 가스미노마는 소설 속에서는 '동백실'이라고 불리는 방이다. 이 방은 매우 신경 써서 꾸며놓았다. 2층 전시장에서 방으로 들어가기 위해서는 작은 다리를 건너야 한다. 이 다리를 건너면 아주 작고 고운 흰 자갈이 깔려 있는 일본식 정원을 지나 방을 구경하게 되어 있다.

방에는 앉은뱅이책상과 의자가 놓여 있다. 체구가 작은 가와바타

다카한 료칸의 내부(안개의 방으로 가는 길)

현대식 건물로 개축한 다카한 료칸 곳곳에는 가와바타 야스나리를 기리는 자료들이 남아 있다. 2층에는 가와바타 야스나리가 머물렀던 '안개의 방'이 있는데, 작고 하얀 자갈이 깔려 있는 일본식 정원을 통해 들어갈 수 있다.

안개의 방

가와바타 야스나리가 실제로 묵었으며, 『설국』에서 '동백실'이라는 이름으로 등장하는 안개의 방이다. 이 방은 소설의 중심 무대이기도 하다. 방에 들어서는 순간 주인공 시마무라와 고마코가 다다미에 마주 앉아 대화를 나누는 모습이 눈앞에 그려졌다.

야스나리가 이 의자에 앉아 책상에 턱을 괴고 있는 모습이 상상되었다. 방 한쪽 구석에는 경대가 있는데, 이 경대는 소설에도 등장하는 주요 오브제다.

> 시마무라는 작년 세밑의 그 아침, 눈[雪]이 비치던 거울을 떠올리며 경대 쪽을 보았다. 거울 속에는 차가운 꽃잎 같은 함박눈이 한층 크게 나타나, 옷깃을 들추고 목덜미를 닦는 고마코 주위에서 하얀 선으로 감돌았다.
> 고마코의 살결은 금방 헹궈낸 듯 깨끗해서 시마무라가 어쩌다 내뱉은 말 한마디조차 그런 식으로 오해할 여자로는 도저히 여겨지지 않는 데에, 오히려 거역하기 힘든 슬픔이 있는 것 같았다.
> ─『설국』, 129쪽

창밖으로 보이는 설경과 경대에 비친 고마코의 모습을 대비시켜 묘사한 이 대목은 『설국』의 백미 중 하나로 꼽힌다.

안개의 방에서 에치고유자와 쪽을 내려다보면 가까이는 료칸의 마당이 보이고, 멀리로는 눈 쌓인 높다란 산을 배경으로 뻗어 있는 신칸센 철로가 보인다. 이 창틀에서 가와바타 야스나리는 마쓰에를 기다렸을 것이고, 그녀가 마당을 가로질러 료칸으로 들어오는 모습을 지켜봤을 것이다.

딱 한 번 하나가 되는 기적

다카한 료칸 2층은 가와바타 야스나리만을 위한 공간으로 꾸며 놓았다. 에스컬레이터까지 있어서 현관에 들어서자마자 곧장 2층으로 올라갈 수 있다. 2층에는 안개의 방 외에 책이나 사진 등 각종 관련 자료들이 전시된 공간이 있고, 한쪽에는 작은 영화 상영실도 마련되어 있다. 이 영화 상영실에서는 흑백영화 〈설국〉을 하루에 두 차례 상영한다. 〈설국〉은 1957년에 시로 도요다 감독이 만든 영화로, 상영 시간은 두 시간이 좀 넘는다. 1958년 칸 영화제에 출품되었으나 수상하지는 못했다고 한다.

영화는 원작과 조금 다르다. 우선 너무나 유명한 소설의 첫 장면이 생략되어 있다. 시마무라가 기차에서 요코를 만나 유리창에 반사된 그녀의 모습을 훔쳐보는 장면 등이 없고, 열차가 터널을 막 통과하는 부분도 생략되어 있다. "국경의 긴 터널을 빠져나오자, 눈의 고장이었다"라는 부분을 눈으로 확인할 수 있는 장면이 아쉽게도 영화에는 없는 것이다. 영화는 기차가 플랫폼에 도착한 이후부터 시작되는데, 주인공들과 관련된 이야기도 조금씩 다르게 각색되어 있다.

하지만 이 영화만의 감흥도 있다. 에치고유자와가 현대화되기 이전 1950년대의 모습을 영상으로 만날 수 있다는 점이다. 지금은 볼수 없는 당시 에치고유자와의 풍경이 소설의 이미지와 맞아떨어지며 눈앞에서 신비스럽게 합성되는 듯했다.

다카한 료칸을 평일에 방문하면 영화 상영실에는 아무도 없을 때가 많다. 따라서 혼자, 혹은 동행들도 함께 어두컴컴한 상영실에 앉아 흑백영화를 감상하는 것도 괜찮다.

『설국』은 여러 차례 영화로 만들어졌다. 다카한 료칸에서 틀어주는 영화는 가장 오래된 작품이다. 영화 〈설국〉 중 그나마 우리에게 가장 많이 알려진 작품은 1965년 일본미의 거장이라 불리는 오바 히데오大庭秀雄 감독이 컬러 영상으로 만든 〈설국〉이다. 이 영화는 지금도 DVD 등을 통해 한국에서 유통되고 있다. 이 영화 역시 소설을 많이 각색했다. 가장 큰 차이는 영화는 소설과 달리 시간 순서대로 진행된다는 점이다. 또 하나, 원작에서는 화재로 요코가 자살을 한 듯한 분위기를 묘사하는 반면, 이 영화에서는 요코가 사람들을 구하려다 죽는 것으로 그려진다.

『설국』은 한국에서도 영화화되었다. 1977년 고영남 감독이 만들었는데, 당대 톱스타였던 박근형과 김영애가 주연을 맡았다. 나는 이 영화를 보지 못했는데 흥행에 성공하지는 못했던 것 같다.

가장 최근에는 2004년 〈신설국〉이라는 제목으로 일본에서 영화가 다시 만들어졌는데 이 작품은 원작과의 유사성이 더 떨어진다. 〈신설국〉은 가와바타 야스나리 탄생 100주년을 기념해 사사쿠라 아키라가 새롭게 쓴 소설 『신설국』을 원작으로 했기 때문이다. 가와바타 야스나리 탄생을 기념해 쓴 오마주 소설을 영화화한 셈이다.

영화 〈신설국〉은 삼대째 가업으로 이어오던 섬유 회사가 망하면서 갈 곳을 잃은 50대 중년 남자가 설국에 와서 게이샤 모에코를 만난다는 줄거리다. 영화는 둘이 사랑에 빠지고 거부할 수 없는 이별을 받아들이기까지의 과정을 그린다. 이 영화가 한국에서 화제가 된 건 영화 자체보다 '유민'이라는 이름으로 한국 방송에도 자주 출

영화 〈신설국〉의 한 장면
2004년에 개봉한 영화 〈신설국〉은 가와바타 야스나리 탄생 100주년을 기념해 사사쿠라 아키라가 쓴, 『설국』의 오마주 소설을 원작으로 하여 만든 영화다. 흥행에는 실패했지만 배우들의 열연으로 원작과는 다른 오묘한 매력이 있다.

연해 인기를 끌었던 일본 배우 후에키 유코笛木優子가 전라로 등장했기 때문이다. 이런저런 화제는 불러일으켰지만 영화 자체는 흥행에 실패했다.

사실 영화 〈신설국〉에서 가장 기억에 남는 건 주제가 〈유키노하나雪の華, 눈의 꽃〉이다. 많이 알려진 나카시마 미카의 〈유키노하나〉와는 다른 곡으로, 영화 〈신설국〉을 위해 만들어진 노래다. 사카모토 후유미가 불렀는데 영화에서는 유민이 직접 부르는 장면도 나온다. 가사가 너무 '설국'다워서 오래 기억에 남는다.

영화 〈설국〉에서도 '거울'은 작품 전체의 주제와 분위기를 드러내 보여주는 상징물로 쓰인다. 사실 거울 없이 『설국』은 존재할 수 없었다. 『설국』이 탄생하게 된 과정을 살펴보면, 이 소설이 창작 초기부터 거울을 염두에 두고 쓰인 것임을 알 수 있다.

가와바타 야스나리는 애초에 장편을 쓰려고 했던 게 아니었다. 『설국』은 한 번에 완성된 소설이 아니라 각기 다른 시기에 쓴 여러 중편과 단편을 합친 소설이다. 『설국』이라는 제목으로 출간된 장편에는 가와바타 야스나리가 1935년부터 1947년 사이에 써서 각기 다른 제목으로 발표했던 작품들이 한데 모여 있다. 이렇게 장편 『설국』의 일부가 된 작품들 중에는 처음 발표했을 때 제목이 '거울'이라는 단어로 끝나는 소설이 있었다. 「저녁 풍경의 거울」과 「하얀 아침의 거울」 등이 대표적이다. 이 두 작품은 훗날 장편 『설국』의 가장 중요한 뼈대가 된다. 이 두 작품의 제목만 봐도 가와바타 야스나리가 얼마나 거울이라는 상징을 의식한 채 작품을 썼는지 짐작할 수 있다. 거울은『설국』의 전부였던 것이다.

소설에서 보여주는 비현실의 아름다움은 거울이라는 신비한 도구를 통해 '상像'으로 완성된다. 두 여자 주인공 요코와 고마코는 거울에 의해 독자들 앞에 나타나고, 또 거울을 통해 독자들의 눈에서 사라진다. 정향재의 논문「가와바타 야스나리의 '설국'론―〈거울〉의 상과 시마무라의 시각을 중심으로」는 거울 이미지를 통해『설국』의 내면을 상세하게 분석하고 있다. 이 논문은 두 여자 주인공 요코와 고마코라는 캐릭터가 어떻게 거울이라는 상징물을 통해 완성되는지 설명한다.

소설에서 처음 거울에 비치는 인물은 요코다. 시마무라는 기차 안에서 고마코를 떠올리며 손가락으로 유리창을 닦다 창에 비친 요코를 발견한다. 가와바타 야스나리는 친절하게도 왜 기차 유리창이 거울이 되는지를 설명하면서 '거울의 소설'을 이끌어나가기 시작한다.

> 밖은 땅거미가 깔려 있고 기차 안은 불이 밝혀져 있다. 그래서 유리
> 창이 거울이 된다.
> ―『설국』, 10~11쪽

곧이어 앞에서 인용(63쪽)한 '이중노출' 운운하는 장면이 나오고, 이중노출 장면은 요코의 비현실적인 매력을 완성시키는 역할을 한다.

> 두 사람은 끝없이 먼 길을 가는 사람들처럼 생각될 정도였다. 그 때

문에 시마무라는 슬픔을 보고 있다는 괴로움은 없이, 꿈의 요술을 바라보는 듯한 느낌이었다. 신기한 거울 속에서 벌어진 일이었기 때문일 것이다.

—『설국』, 12쪽

이 구절로 충분히 설명이 된다. 현실로 봤다면 '슬픔'이었을 일이 거울을 통해 봤기 때문에 '꿈'처럼 다가왔다는 말이다. 요코는 유리 창에 비친 첫 순간부터 화재로 죽는 순간까지 시종일관 이 같은 신비함을 바탕에 깔고 등장한다. 그런데 고마코가 처음 거울에 등장할 때의 이미지는 요코와는 확연히 다르다.

시마무라는 그쪽을 보고 움찔 목을 움츠렸다. 거울 속 새하얗게 반짝이는 것은 눈[雪]이다. 그 눈 속에 여자의 새빨간 뺨이 떠올라 있다. 뭐라 형용하기 힘든 청결한 아름다움이었다.

—『설국』, 44쪽

거울 속에서 고마코는 '빨간 볼'로 다가온다. 요코보다 훨씬 선명하고 생명력이 드러나 보이는 이미지를 만들어 넣은 것이다.

시마무라가 두 번째 방문을 마치고 도쿄로 돌아가려 할 때 그를 배웅하는 고마코를 묘사하는 장면에서도 거울이 등장한다. 유키오가 죽어가고 있다는 소식을 가지고 달려온 요코가 재촉하는데도 이를 거부하고 끝까지 시마무라를 배웅하는 그 장면이다.

「플랫폼에는 들어가지 않을래요. 안녕」하고 고마코는 대합실 안 창가에 서 있었다. 창문은 닫혀 있었다. 기차 안에서 바라보니까 초라한 한촌(寒村) 과일 가게의 뿌연 유리상자 속에 이상한 과일이 달랑 하나 잊혀진 채 남은 것 같았다.

기차가 움직이자마자 대합실 유리가 빛나고 고마코의 얼굴은 그 빛 속에 확 타오르는가 싶더니 금세 사라지고 말았다. 바로 눈 온 아침의 거울 속에서와 똑같은 새빨간 뺨이었다. 시마무라에게는 또 한번 현실과의 이별을 알리는 색이었다.

―『설국』, 75쪽

이 상황은 머릿속에서 그림이 그려지는 듯 선명하다. 약혼자는 임종을 맞고 있고 시마무라는 도쿄로 떠난다. 그 순간 대합실에 남겨진 고마코는 시골 가게 진열장에 남겨진 이상한 과일 같다. 고마코의 슬픈 운명을 달랑 한 개만 남은 과일로 묘사한 부분은 너무 적절한 비유여서 오히려 냉혹하게 느껴진다.

늦가을에 시마무라가 세 번째로 설국을 방문했을 때에도 거울은 어김없이 고마코를 비춘다.

창가로 내다 놓은 경대에 단풍 든 산이 비쳐 보였다. 거울 속에서도 가을 햇살이 밝았다.

―『설국』, 93쪽

가와바타 야스나리는 거울을 통해 주인공의 성격을 말하고, 거울

에치고유자와 역 승강장

시마무라와 고마코가 작별했던 에치고유자와 역 승강장은 환상과 현실의 세계를 이어주는 경계의 공간이다. 지금은 가와바타 야스나리 시대의 모습은 거의 찾아볼 수 없지만, 역사에 남겨진 고마코의 모습이 '이상한 과일' 같다는 『설국』의 한 구절이 머릿속에 맴돌았다.

을 통해 계절과 배경을 말하며, 거울을 통해 두 여주인공을 바라보는 자신의 입장을 말한다. 거울 없이 『설국』은 없다.

은하수가 몸을 적시던 밤

『설국』을 논할 때 '은하수銀河水'를 빼놓으면 결례다. 그만큼 『설국』의 이미지를 결정하는 마지막 마침표가 은하수다. 밤하늘에 우유를 뿌려놓은 듯하다 해서 영어로 '밀키웨이Milky Way'라 불리는 은하수, 순우리말로는 '미리내'라고 하는 그 은하수 말이다.

우리 전래동화에서는 견우와 직녀를 갈라놓은 은하수가 가와바타 야스나리의 소설에서는 생과 사를, 천상과 지상을 연결하는 합일의 도구로 쓰인다.

아아, 은하수, 하고 시마무라도 고개를 들어 올려다본 순간, 은하수 속으로 몸이 둥실 떠오르는 것 같았다. 은하수의 환한 빛이 시마무라를 끌어올릴 듯 가까웠다. 방랑중이던 바쇼†가 거친 바다 위에서 본 것도 이처럼 선명하고 거대한 은하수였을까. 은하수는 밤의 대지를 알몸으로 감싸안으려는 양, 바로 지척에 내려와 있었다. 두렵도록 요염하다. 시마무라는 자신의 작은 그림자가 지상에서 거꾸로 은하수에 비춰지는 느낌이었다. 은하수에 가득한 별 하나하나가 또렷이 보일 뿐 아니라, 군데군데 광운(光雲)의 은가루조차 알알이 눈에 띌 만큼 청명한 하늘이었다. 끝을 알 수 없는 은하수의 깊이가 시선을 빨아들였다.

† 마쓰오 바쇼[松尾芭蕉](1644-1694) : 일본 전통시 하이쿠[俳句] 시인.

—『설국』, 142~143쪽

소설 후반부 화재 장면을 묘사한 부분이다. 시마무라와 고마코는 "불, 불이야"라고 외치는 소리를 듣고 화재 현장으로 달려간다. 화재 현장으로 가면서 고마코가 갑자기 "은하수 예쁘네"라고 혼잣말을 하자 시마무라도 하늘을 올려다본다. 하늘에는 두 사람을 빨아들일 듯 끝을 알 수 없는 은하수가 펼쳐져 있었다.

이 장면은 소설의 탐미주의적 대미를 장식하는 역할을 한다. 흰 눈이 쌓인 설국에 붉은빛을 내며 활활 타오르는 창고, 지상에서 일어나고 있는 그 사건을 운명처럼 내려다보고 있는 은하수. 여기서는 감정을 완전히 배제한 어떤 '절대미'의 완성이 느껴진다.

인용한 부분에 나오는 바쇼라는 인물은 일본 하이쿠의 아버지로 불리는 에도 시대 시인 마쓰오 바쇼松尾芭蕉다. 말놀이쯤으로 여겨졌던 하이쿠를 문학의 경지로 올려놓은 주인공이다. 그 이전에도 그 이후에도 바쇼만큼 경지에 오른 하이쿠를 쓴 사람은 없었다. 실제로 바쇼 사후에 쓰인 하이쿠들은 모두 하이쿠의 새로운 변형 정도로 보일 정도다.

가와바타 야스나리가 인용문에서 살짝 언급한 바쇼의 하이쿠 중 은하수를 노래한 작품은 이것이다.

거친 바다여 사도 섬에 가로놓인 은하수.

사도佐渡는 에치고유자와가 위치한 니가타 현 북쪽에 있는 섬으로, 주변 바다는 파도가 거칠기로 유명하다. 그 바다가 바로 우리 동해바다 동쪽 끝이다. 사도는 오랫동안 유배지였기에 수많은 사람들의 한이 서린 곳이다. 가와바타 야스나리는 은하수를 올려다보면서 바쇼가 노래했던 한 많은 사도 위를 가로지르는 은하수를 상상한다.

그가 화재 장면을 완결판 소설의 대미를 장식하기 위해 별도로 쓴 것은 분명한 사실이다. 『설국』은 1937년 소겐샤에서 처음 출간되었는데, 이 소겐샤판에는 화재 장면이 없었다. 「설중화재」 부분이 새로 쓰여 소설의 마지막에 연결된 것은 1947년이었다. 어딘가 미완성 같았던 소설의 대단원을 만들기 위해 가와바타 야스나리는 이 장면을 심혈을 기울여 쓴다.

가와바타 야스나리가 은하수를 합일의 도구로 끌어들인 것은 소설에 그대로 드러나 보인다. 다음 문장을 보면 그가 어떻게 은하수를 통해 거대한 허무를 완성했는지 알 수 있다.

올려다보고 있으니 은하수는 다시 이 대지를 끌어안으려 내려오는 듯했다.

거대한 오로라처럼 은하수는 시마무라의 몸을 적시며 흘러 마치 땅끝에 서 있는 것 같은 느낌도 주었다. 고요하고 차가운 쓸쓸함과 동시에 뭔가 요염한 경이로움을 띠고도 있었다. (…)

비현실적인 세계의 환영 같았다. 경직된 몸이 공중에 떠올라 유연해지고 동시에 인형 같은 무저항, 생명이 사라진 자유로움으로 삶도 죽음도 정지한 듯한 모습이었다.

—『설국』, 145~146쪽, 150쪽

은하수는 이미 시마무라의 몸을 흘러 땅으로 도달해 있다. 반면 추락하던 요코의 몸은 공중으로 떠올라 은하수가 된다. 나는 이 부분이『설국』에서 가장 위대하다고 느꼈다. 소설 곳곳에 포진된 이런 화룡점정으로 인해『설국』은 어느 한량이 게이샤들과 노닥거린 이야기를 뛰어넘어 하나의 '미학'이 될 수 있었다. 그것을 다시 한번 확인시키듯 가와바타 야스나리는 소설의 마지막 문장을 이렇게 새겨 넣는다.

발에 힘을 주며 올려다본 순간, 쏴아 하고 은하수가 시마무라 안으로 흘러드는 듯했다.

—『설국』, 152쪽

『설국』은 대립과 합일의 연속이다. 가와바타 야스나리는『설국』에 상반된 주제나 이미지를 동시에 등장시켜 소설을 자신이 가고 싶은 곳으로 이끌어간다. 동시에 등장한 대립된 이미지들은 흡사 음양의 조화처럼 하나로 합치되는 과정을 거치면서 대단원으로 흘러간다.『설국』을 읽으면 읽을수록 '짧지만 깊다'는 감흥이 느껴지는 것은 바로 이 때문이다.

소설을 읽고 에치고유자와를 여행하면서 이런 생각은 점점 더 완성되어갔다. 모든 것이 그랬다. 눈이 많이 내리는 이곳 한촌까지 나를 실어다 준 것은 첨단 교통수단인 고속열차 신칸센이었다. 고속열차와 한촌은 매우 다른 느낌이지만 이곳에서는 잘 어울린다. 이는 사실 동양과 서양의 만남이기도 하다. 일본의 전통이 살아 숨 쉬는 에치고유자와와 이제 서구 문명의 현장이 된 도쿄. 두 장소가 소설에서 만나는 것이다.

『설국』을 논하는 사람이라면 누구나 이야기하는 분석, 즉 터널을 사이에 둔 현실과 비현실의 구성도 결국 이곳에 오면 하나로 어우러진다. 작품 속에서는 말할 것도 없다. 대립하는 것들을 가지고 이미지를 발현시키는 부분은 너무나 많다.

소설에 등장하는 두 남자를 보자. 시마무라와 유키오, 이 둘은 대립되는 인물이다. 시마무라는 적극적으로 삶의 방향을 정한 사람이다. 무용 평론을 쓰면서 도시에서 살다 자기 필요에 의해 에치고유자와를 찾고, 그곳에서 로맨스까지 주도한다. 소설 전체를 자기 시각으로, 자기 필요에 의해 직조해낸다.

하지만 유키오는 다르다. 그는 분명 등장인물이지만 대사 한 줄 없다. 그는 적극적이거나 역동적이지 않다. 소설 초반에 비스듬히 누워 간호를 받는 모습으로 등장해, 소설 말미에는 죽어서 무덤에 묻힌 것으로 등장한다. 하지만 그 역시 소설에서 매우 중요한 역할을 한다. 시마무라만 있고 유키오가 없는 『설국』을 상상해보라. 그랬다면 아마도 『설국』은 매우 표피적인 작품에 그쳤을 것이다. 생生을 상징하는 시마무라와 사死를 상징하는 유키오가 하나로 합일되면서 한 편의 소설을 완성한다.

소설을 들여다보면 대립 장치는 무수하게 많이 발견된다. 권해주는 「가와바타 야스나리의 『설국』에 나타난 일본적 문화특성에 관한 연구」에서 『설국』을 양면지향성, 유현幽玄지향성, 합일지향성, 감각지향성 등으로 나누어 분석한다. 여기서 말하는 양면지향성은 대립되는 이미지를 등장시켜 묘사를 극대화하는 것을 말한다.

> 어느새 해가 뜨는지 거울 속의 눈은 차갑게 타오르는 듯한 광채를 더해 갔다. 그럴수록 눈 속에 떠오른 여자의 머리카락도 선명한 자줏빛이 감도는 검정색으로 한층 짙어졌다.
> ―『설국』, 44쪽

이 짧고 평범해 보이는 문장에서도 대립되는 이미지가 사용된다. '차갑게'와 '타오르는 듯한'이라는 상반된 두 가지 상황을 통해 거울 속에 비친 풍경을 설명한다. 이뿐만이 아니다. 흰 눈과 여자의 검은 머리카락을 대비시키는 것도 의도한 장치다.

스쳐 지나가기 쉬운 대화체 장면에서도 대립되는 이미지가 중요하게 활용된다. 다음과 같은 경우다.

> 「아는 이도 있고 모르는 이도 있지요. 선생님은 상당히 지체 높은 분이신지 몸이 아주 부드럽습니다」
> ―『설국』, 53쪽

안마사와의 대화를 묘사하면서 '아는 이'와 '모르는 이'를 한 문장에 놓은 것을 봐도 가와바타 야스나리는 대비를 통해 합일을 만

이 지방은 나뭇잎이 떨어지고 바람이 차가워질 무렵, 쌀쌀하고 지푸린 날이 계속된다.
눈 내릴 징조이다. 멀고 가까운 높은 산들이 하얗게 변한다. 이를 〈산돌림〉이라 한다.
또 바다가 있는 곳은 바다가 울리고, 산 깊은 곳은 산이 울린다. 먼 천둥 같다.
이를 〈몸울림〉이라 한다. 산돌림을 보고 몸울림을 들으면서 눈이 가까워졌음을 안다.

— 『설국』

드는 고수였음을 알 수 있다. 같은 대화에서 나오는 다음 문장도 마찬가지다.

「이즈쓰야의 후미짱인가? 가장 훌륭한 애와 가장 서툰 애가 제일
알기 쉬워요」
　　—『설국』, 53~54쪽

여기서도 '훌륭한 애'와 '서툰 애'를 나란히 나열함으로써 자신이
원하는 이미지를 그려낸다. 풍경 묘사에서는 말할 것도 없다.

구름이 끼어 응달진 산과 아직 햇살을 받고 있는 산이 서로 중첩되
어 음지와 양지가 시시각각 변해 가는 모습은 왠지 싸늘해지는 풍
경이었다.
　　—『설국』, 68쪽

엷게 눈을 인 삼나무숲은, 삼나무 하나하나가 또렷이 드러나, 찌를
듯 하늘을 향한 채 눈 위에 서 있었다.
　　—『설국』, 130쪽

그늘이 진 산과 아직 해가 비치는 산을 대비시켜 스키장 풍경을
묘사한 것에서도, 삼나무가 뿌리는 '땅'에 딛고 서서 끝은 '하늘'을
찌른다는 표현에서도 가와바타 야스나리가 대비되는 이미지를 얼
마나 습관적으로 소설에 깔아놓았는지를 알 수 있다.

이는 흡사 일본인들의 의식을 규정하는 용어인 '혼네本音와 다테마에建て前'를 확인하는 것 같다. 속내를 직설적으로 드러내기를 꺼리는 일본인들의 심성에는 두 개의 상반된 코드가 공존한다. 하나가 '혼네', 즉 겉으로 드러내지 않는 속마음이고, 나머지 하나가 보호막 혹은 외투라고 할 수 있는 '다테마에'다.

대립되는 것들을 이용한 묘사는 가와바타 야스나리가 일본적 특성을 그대로 살린 채 신감각을 추구했음을 확인시켜준다. 그가 일본적 특성을 포기하지 않은 것이 결국 그를 세계적인 작가로 만들었다고 평하는 이들이 많다. 맞는 말이다. 노벨 위원회가 선정 이유에서 '동양과 서양의 조화'를 거론한 것이 이를 뒷받침한다.

절대미의 세계

『설국』에는 장소나 시대적 배경에 대한 구체적인 언급이 등장하지 않는다. 물론 가와바타 야스나리는 작품을 발표하고 나서는 에치고유자와가 소설의 모티프가 되었고 그곳에 실제로 체류하면서 창작을 했다고 밝혔다. 하지만 소설 속에는 에치고유자와를 지칭하는 어떤 행정구역 명칭도 등장하지 않는다.

시대적 배경도 그렇다. 소설이 쓰인 1930~1940년대 일본은 한창 군국주의를 외치며 아시아 곳곳에 식민 지배를 확대하고 있을 때였다. 하지만 소설에서 시대에 대한 단서는 거의 등장하지 않는다.

『설국』이 단행본으로 최초로 출간된 것은 중일전쟁이 발발한

1937년이었다. 이후 가와바타 야스나리가 완결판 『설국』의 결말 부분을 추가 집필한 것은 1941년으로, 태평양전쟁이 발발하기 4개월 전이었다. 결국 『설국』의 핵심이 된 두 단편 「설중화재」와 「은하수」는 중일전쟁이 태평양전쟁으로 확대되어가던, 매우 민감하고 충격적인 시기에 쓰인 작품이었다. 그러나 소설에서는 이런 시대적 상황에 대해 그 어떤 묘사도 등장하지 않는다.

물론 작가의 의도였을 텐데, 왜 그랬는지에 대해서는 몇 가지 추측이 가능하다. 우선 『설국』의 미학적 완성도를 높이기 위해서였을 가능성이 높다. 가와바타 야스나리가 추구했던 절대미의 세계를 구현하는 데 구체적인 현실 묘사는 방해가 되기 때문이다.

이 무렵 가와바타 야스나리는 적어도 문학에 있어서만큼은 서구의 자기장을 벗어나고 싶어 했다. 노벨문학상 시상식에서 그가 발표한 수상 소감문의 제목은 「아름다운 일본의 나」였다. 그는 진짜 일본의 미가 전쟁 이전에 있다고 믿었다. 그래서 그는 서구 문학으로부터 자유로웠던 고전의 미학을 『설국』에 적용시키고 싶어 했다. 소설에 하이쿠가 등장하고, 노벨상 시상식장에서 13세기 승려 시인인 도겐의 시를 읊은 것도 이 때문일 것이다.

『설국』을 쓰던 무렵 일본의 복잡한 상황을 묘사할 경우 자신이 추구하고자 했던 절대미가 침해받을 것이라는 사실을 그는 이미 짐작하고 있었던 것이다. 물론 이를 놓고 일본의 과오를 의도적으로 숨겼다고 비판하는 사람도 있을 수 있다. 하지만 그 역사는 가와바타 야스나리가 소설에 등장시키지 않는다고 해서 왜곡되거나 알려지지 않는 것이 아니다. 인류 역사에 큰 상처를 남긴, 너무나 엄청난

『설국』 초판본

1937년 6월 12일 소겐샤에서 출간된 『설국』의 초판본이다. 가와바타 야스나리가 1935년부터 연작 형태로 발표한 일곱 개의 단편을 엮었다. 같은 해 8월 가와바타 야스나리는 『설국』으로 제3회 문예간담회상을 수상하기도 했다.

1938년 가마쿠라 자택의 서재에서

중일전쟁이 한창이던 시기에 자택에서 집필 중인 가와바타 야스나리의 모습이다. 당시 일본은 전쟁이 장기화되자 국가총동원법을 선포하여 식민지 수탈을 본격화하고 있었다. 그러나 가와바타 야스나리의 『설국』에는 혼란했던 당시 시대적 상황이 전혀 등장하지 않는다.

과오이기 때문이다. 따라서 그가 시대를 감춘 것은 그저 문학적 성취를 위해서라고 보는 편이 합당해 보인다.

동방의 고전, 특히 불전佛典을 세계 최대의 문학이라고 믿었던 가와바타 야스나리는 불교적 무상無常에서 비롯된 허무를 통해 절대미를 완성하고 싶어 했다. 그에게 진실은 그저 "거짓 꿈에 노닐다 죽어가는 일"에 불과했다. 그는 "'진실'이나 '현실'이라는 단어를 비평을 쓸 때 종종 사용하긴 했어도 그것을 알아내려 가까이 다가가고자 마음먹은 적은 없었다"고 말한 적이 있으며, 심지어 그런 단어를 쓸 때마다 "낯간지러웠다"고까지 표현했다.

진실과 현실을 '거짓된 꿈'에 비유한 표현이 참 허무하고 덧없게 느껴진다. 그러나 가와바타 야스나리의 이 발언을 곰곰이 생각해 보면 짐작 가는 것이 있다. 가와바타 야스나리는 우리가 '진실'이나 '현실'이라고 믿는 것들의 허구를 익히 간파하고 있었던 것이다. 그는 도대체 무엇이 진실이고 무엇이 현실인지에 대한 근원적인 물음에 빠져 있었다. 이때 모든 것은 변화한다는 불교적 무상은 그에게 훌륭한 해답이 되었을 수 있다.

가와바타 야스나리는 『설국』에서 그 어떤 현실적 좌표를 드러내지 않는다. 그는 누구의 편도 들지 않으며, 선과 악을 구별하지도 않고, 만남과 헤어짐이나 삶과 죽음도 구별하지 않고 그저 평등한 무게로 바라볼 뿐이다.

뒷부분에서 자세하게 다루겠지만 그는 자신과 함께 신감각파 문학을 주도했던 미시마 유키오를 비롯한 일군의 작가들이 급진적 민족주의로 빠져드는 것을 경계했다. 가와바타 야스나리 역시 일본의 아름다움을 소설에 구현하고자 했지만, 그 아름다움을 천황이나 군국주의를 미화하는 데 쓰지 않았다. 그에게 아름다움이란 그저 아름다움 자체였으니까. 아름다움에 목적이 생기는 순간 아름다움은 사라진다고 생각했을 테니까.

세계문학으로 우뚝 선 『설국』

1921년 미국의 가난한 오지 마을인 콜로라도 주 더글러스 카운티에서 태어난 남자가 있었다. 모험을 하기보다 책 읽기를 좋아했던 이 남자는 '남자다움'을 최고 가치로 치는 시골 마을에서 외톨이로 자란다.

콜로라도 대학을 졸업한 그는 군에 입대한다. 당시 미국은 모병제가 아니라 징병제였다. 제2차 세계대전이 한창이던 시기였다. 소심한 남자는 군 생활을 덜 위험하게 하려는 속셈으로 일본어를 배운다. 해군 일본어 강습소를 거쳐 해병대 통역요원으로 근무한 그는 전쟁이 끝난 뒤 배워놓은 일본어가 아깝다는 생각에 외교관에 지원한다. 외교관이 되어 도쿄에 부임했지만 내향적인 그는 공직과 맞지 않았다. 그 무렵 남자는 일본 문학의 매력에 깊이 빠져든다. 결국 외교관을 그만두고 프리랜서 번역가로 활동을 시작한다.

이 남자가 바로 에드워드 사이덴스티커Edward George Seidensticker다. 1968년 노벨문학상 시상식장에서 가와바타 야스나리 옆에 서 있던 인물로, 『설국』을 영어로 번역한 장본인이다. 이 자리에서 가와바타 야스나리는 "이 노벨문학상의 절반은 에드워드 사이덴스티커의 몫"이라며 그의 역할에 경의를 표한다. 실제로 상금의 절반을 그에게 주었다는 이야기도 후일담으로 남아 있다.

에드워드 사이덴스티커는 일본 문학 전문 번역가가 된 이후 당시 일본 문학의 3대 거장이었던 가와바타 야스나리, 다니자키 준이치로, 미시마 유키오의 작품을 번역한다. 가와바타 야스나리의 『설국』을 영역한 건 1956년이었다. 일본 정부가 나서서 일을 성사시킨 것이 아니라 미국 출판사가 나선 결과였다. 에드워드 사이덴스티커가 연결 고리가 되었음은 물론이다.

그는 가와바타 야스나리의 소설 미학이 서양인들에게 신비로운 체험으로 다가갈 수 있으리라고 예감했던 것 같다. 그는 의역까지 서슴지 않으며 『설국』의 미학을 서양인들에게 전달하기 위해 각고의 노력을 기울였다. 그리고 그의 예상은 맞아떨어졌다.

사실 당시 일본 내에서는 코즈모폴리턴적 매력을 지니고 있었던 미시마 유키오나 실험 정신이 강했던 다니자키 준이치로, 역사소설의 대가인 이노우에 야스시가 훨씬 인기 있었다. 이들에 비해 가와바타 야스나리는 뭔가 고답적이고 재미없다는 평가를 받고 있었다. 대중적으로 많이 팔리지 않았을 뿐만 아니라 노벨상에 근접한 작품이라는 평도 별로 듣지 못했다. 그런 그의 숨겨진 가치를 찾아낸 이가 바로 에드워드 사이덴스티커였다. 그는 가장 일본적인 작품인 『설국』이야말로 서양인들의 빈 곳을 채울 수 있는 작품이 될 것이라는 사실을 직감했던 것이다. 결과적으로 그 직감은 현실이 되었다.

에드워드 사이덴스티커는 일본 문학을 번역하고 연구하는 데 삶

을 바쳤다. 가와바타 야스나리가 노벨상을 받은 이후 미국으로 돌아
간 그는 스탠퍼드, 미시간 대학 등에서 일본 문학을 강의했고, 10년
이 넘는 작업 끝에 일본 최고 고전인『겐지 이야기』를 영역한다. 그
는 다시 일본으로 돌아와 2007년 86세 일기로 생을 마감한다.

에드워드 사이덴스티커는 일본 문학의 세계화에 절대적인 영향
을 끼쳤다. 단순한 번역가가 아니라 일본의 역사와 문화, 습속을 뼛
속까지 이해한 사람이었다. 그가 없었다면 가와바타 야스나리의 노
벨문학상 수상은 어려웠을지도 모른다.

그가 말년에 쓴 책『나는 어떻게 번역가가 되었는가?』에는 번
역이라는 업에 대한 그의 애증이 고스란히 드러나 있다. 이 책은
2004년에 우리나라에서도 출간됐다. 일종의 자서전이라고도 볼 수
있는 이 책에서 그는 "번역이란 뭔가를 끊임없이 내다 버려야 하는
가차 없는 일"이라고 말한다. 그가 역사와 문화, 그리고 언어 구조
가 완전히 다른 언어를 영어로 번역하기 위해 얼마나 많은 고민에
빠졌었는지를 보여주는 고백이다.

흥미로운 점은 그가 일본의 바로 옆 나라인 한국에도 많은 관심
이 있었다는 사실이다.『나는 어떻게 번역가가 되었는가?』곳곳에
한국에 대한 이야기가 등장한다. 일본 도자기보다 한국 도자기를
더 좋아해서 밀반출까지 무릅쓰고 평생 소장했다고 고백하는 부분
이나《사상계》발행인인 장준하 선생을 가리켜 '군자君子의 전형'이
라고 상찬하는 부분만 봐도 그가 한국에 대해 깊이 이해하고 있었
음을 짐작할 수 있다.

더 아이러니한 것은 가와바타 야스나리의 노벨문학상 소식이 전

『설국』을 번역한 에드워드 사이덴스티커

에드워드 사이덴스티커는『설국』의 숨겨진 가치를 알아채고 외국에 소개한 인물이다. 그의 번역은 가와바타 야스나리가 노벨문학상을 수상하는 데 결정적인 역할을 했다. 사이덴스티커는 가와바타 야스나리 외에도 다니자키 준이치로, 미시마 유키오 등 일본의 대표적인 소설가들의 작품을 번역했고, 도쿄의 도시문화사를 담은『도쿄 이야기』를 집필했다.

해진 1968년 10월 18일, 그가 지리산 노고단을 등반하고 있었다는 사실이다. 그가 일본어가 아닌 한국어를 배웠다면 어땠을까? 괜한 상상을 해본다.

함축과 생략의 아름다움

『설국』은 언뜻 생각해보아도 외국어로 번역하기에 매우 까다로운 작품이다. 상징적이고 시적인 이미지, 중의적인 내용, 감추어져 있는 비유, 과감한 생략, 복선적인 시간 진행 등 외국어로 번역되기 쉽지 않은 요소들을 모두 지니고 있다. 흡사 하이쿠를 연상시키는 엄청난 함축과 생략과 비약의 아름다움을 외국어로 옮기는 것은 그 행위 자체로 왜곡에 빠질 가능성이 높다. 더구나 언어적 유사성이 거의 없고 문화적 배경까지 다른 영어로 『설국』을 번역한다는 것은 엄두를 내기조차 어려운 일이 아니었을까.

번역가 에드워드 사이덴스티커가 바로 이 일을 해낸다. 사실 그의 번역이 없었다면 가와바타 야스나리의 노벨문학상 수상은 불가능했다고 단언하는 사람들이 많다. 그의 번역이 없었다면 이 작품은 서구에 알려질 수 없었을 것이 분명하고, 설령 다른 번역본이 있었다 할지라도 그의 번역만큼 서구인들에게 감흥을 주기는 힘들었을 것이라는 이야기다.

에드워드 사이덴스티커의 번역은 많은 부분 의역에 비중을 두고 있다. 앞서 말한 특유의 난점들 때문이다. 직역을 했을 경우 본

문의 뜻과 너무 다른 의미가 되거나 구조적으로 이해할 수 없는 문장이 될 가능성이 높다. 하지만 의역 때문에 그는 종종 비난을 받기도 한다. 의역을 하다 보니 몇몇 부분이 원작과 달리 변형됐다는 비판이다.

사실 이 문제는 번역을 두고 벌어지는 오랜 논쟁거리다. 내 생각은 이렇다. 직역이 좋다거나 아니면 의역이 좋다고 단적으로 말할 수는 없다. 단지 결과적으로 봤을 때 좋은 번역과 나쁜 번역이 있을 뿐이다.

에드워드 사이덴스티커도 이런 문제에 대해 몰랐을 리가 없다. 그는 당시 유네스코와 공동으로 일본 문학 작품을 번역하고자 하는 뉴욕의 크노프 출판사에 『설국』을 추천하면서 "너무나 많은 것들이 몇 안 되는 것에 의지하고 있다"고 말한다. 이 얼마나 상징적인 말인가. 우주와 자연과 사랑과 이별과 생과 사라는 엄청난 주제가 『설국』 속에서는 너무나 작은 것들을 통해 상징적으로 드러나고 있다는 이야기가 아닌가.

에드워드 사이덴스티커는 번역의 난점을 해소해보고자 수차례 가와바타 야스나리를 찾아가기도 했다. 그때의 이야기가 『나는 어떻게 번역가가 되었는가?』에 나온다. 에드워드 사이덴스티커가 『설국』의 미묘한 표현들에 대한 실마리를 얻기 위해 가와바타 야스나리에게 이런저런 질문을 던진다. 그런데 가와바타 야스나리는 질문에 친절하게 대답하기는 해도 그에게 전혀 도움이 되지 않는다. 에드워드 사이덴스티커가 "선생님, 이 부분은 조금 난해하다고 생각하지 않으십니까?"라고 물으면, 가와바타 야스나리는 그 부분을 성

영문판『설국』의 표지

1956년 미국 크노프 출판사에서 출간된 영문판『설국』의 표지이다. 일본적인 표지 그림이 시
선을 끈다.『설국』의 번역자 에드워드 사이덴스티커는『설국』에 담긴 일본적 미학을 외국에 전
달하기 위해 많은 부분을 의역했다.

실하게 읽은 뒤에 "그렇군요"라고 대답하는 게 전부인 식이다. 결국 에드워드 사이덴스티커는 가와바타 야스나리에게 『설국』에 대해 "더 이상 묻지 않는 것이 현명한 일"임을 깨닫고 만다.

벽안의 번역가와 가와바타 야스나리가 나눈 선문답이 참 재미있으면서도 답답하다. 달리 서로 무슨 말을 할 수 있었겠는가. 뼛속에 들어 있는 동양 정신과 가치관, 그리고 자신의 문학적 주술이 만들어낸 미학에 대해 가와바타 야스나리가 어떤 설명을 할 수 있었겠는가. 서구의 합리적 사고와 기독교적 가치관으로 무장한 에드워드 사이덴스티커 역시 더 이상 무슨 해답을 찾을 수 있었겠는가.

한 가지 중요한 것은, 에드워드 사이덴스티커는 이 소설이 지닌 동양적인 '그 무엇'을 분명히 느끼고 있었다는 사실이다. 그 느낌에 대해 그는 성실하고 진지하게 고민했을 것이다. 그는 어느 기념 강연에서 다음과 같이 고충을 털어놓기도 했다.

> 사람들은 『설국』이 번역 불가능한 작품이라고 말했습니다. 그때나 지금이나 나 역시 이 작품을 번역 불가능한 소설이라고 생각합니다. 일본어의 사용이 너무 미묘하고, 너무도 모호합니다. 일부러 모호한 표현을 많이 사용하는 소설은 번역이 불가능하다고 생각합니다. 모순되는 말이지만, 번역 불가능한 것도 번역해야 합니다. 번역하는 것은 번역하지 않는 것보다 낫기 때문입니다.

어쨌든 그가 『설국』의 주요 부분을 어떻게 번역했는지를 살펴보는 건 흥미로운 일이다.

『설국』의 첫 문장은 "国境の長いトンネルを抜けると雪国であった"
로 시작한다. 한국어로 번역하면 "국경의 긴 터널을 빠져나오자 설
국이었다"라는 문장이다. 이 문장에는 독특한 점이 하나 있다. 주
어가 생략되어 있는 것이다. 주어가 없기 때문에 우리는 이 문장을
읽으며 자기도 모르게 주체가 되어 터널을 통과해 나온 듯한 착각
에 빠진다. 기막힌 소설적 장치인 셈이다. 하지만 이 문장을 주어
없이 영어로 옮기기는 어렵다. 에드워드 사이덴스티커는 이렇게
영역한다.

The train came out of the long tunnel into the snow country.

(열차는 국경의 긴 터널을 나와 설국으로 들어섰다.)

주어로 'the train'을 내세워 객관적인 사실을 강조한 번역이다. 이
러다 보니 책을 읽는 사람이 주인공이 된 듯한 착각에 빠지기는 어
렵다. 그저 기차가 터널을 나와 설국에 도착하는 상황 묘사에 가깝
다. 그다음 문장은 "夜の底が白くなった(밤의 밑바닥까지 하얘졌다)"이
다. 이것을 에드워드 사이덴스티커는 이렇게 바꾸었다.

The earth lay white under the night sky.

(땅은 밤하늘 밑으로 하얗게 펼쳐져 있다.)

이 역시 아름다운 정경 묘사에 불과하다. 원문에서는 '밤'이라는
시간적 개념이 '밑바닥'이라는 공간적 개념으로 변환되는 기막힌

표현이겠지만 영어 번역으로는 이를 표현해내는 데 한계가 있다. 반면 영어 번역의 매력도 있다. 땅을 의인화했다는 점이다. 이런 '신의 한 수'를 통해 그는 영어판의 문학성을 구현해냈다.

영어판 전체의 분위기를 놓고 보면 그는 『설국』의 미학을 전달하는 데는 어느 정도 성공을 거둔다. 하지만 한 문장씩 개별적으로 살펴보면 이처럼 차이가 발생할 수밖에 없다.

그가 언어와 문화의 차이 때문에 고심한 부분은 여러 군데서 발견된다. 그중 눈길을 끄는 경우가 이런 부분이다.

> 시마무라는 지루함을 달래기 위해 왼쪽 검지손가락을 이리저리 움직여 바라보며, 결국 이 손가락만이 지금 만나러 가는 여자를 생생하게 기억하고 있군, (…) 불확실한 기억 속에서 이 손가락만은 여자의 감촉으로 여전히 젖은 채, 자신을 먼데 있는 여자에게로 끌어당기는 것 같군, 하고 신기하게 생각하면서 코에 대고 냄새를 맡아보기도 하고 있다가, 문득 그 손가락으로 유리창에 선을 긋자, 거기에 여자의 한쪽 눈이 또렷이 떠오르는 것이었다.
>
> —『설국』, 10쪽

시마무라가 고마코를 떠올리며 손가락으로 유리창을 만지작거리던 중 반대편에 있는 요코의 눈이 비치는 것을 묘사한 장면인데, 이 부분을 자세히 들여다보면 아닌 듯하면서도 매우 에로틱하다. 선정적일 수도 있는 장면을 동양적인 간접 묘사로 감추고 있는 것이 압권이다. 가와바타 야스나리 특유의 화법이 절묘하다.

노벨상 기념 수표에 서명하는 가와바타 야스나리

노벨상 수상 기념 연설을 마친 가와바타 야스나리가 노벨상 수상자들에게 주어지는 수표에
서명하고 있다. 그는 이날 받은 상금의 절반을 『설국』의 번역자 에드워드 사이덴스티커에게 전
했다. 휘갈긴 듯하면서도 힘이 느껴지는 그의 필체가 인상적이다.

사실 이 부분은 영어로 옮기는 것은 쉽지 않을 듯하다. 직역을 할 경우 지나치게 도색적으로 비춰질 수 있고, 의역을 할 경우 그 맛이 사라지기 때문이다. 이 부분을 번역하면서 에드워드 사이덴스티커는 '손가락'을 'hand'로 묘사한다. 손가락을 강조할 경우 직접적인 포르노그래피로 흐르는 것을 우려한 듯하다. 손가락을 코에 대고 냄새를 맡는 부분도 "손을 얼굴 쪽으로 가져갔다(He brought the hand to his face)" 정도로 표현하고 끝을 낸다. 그의 이런 선택을 놓고 오랫동안 논란의 여지가 있었다. 앞으로도 그럴 것이다.

영어를 모국어로 사용하는 서양인들이 그가 번역한 『설국』을 읽으며 어떤 느낌을 얻었는지 우리는 정밀하게 알 수 없다. 하지만 한 가지 중요한 점은, 그가 이 번역을 해냈다는 사실이다. 그리고 그 번역은 『설국』이 세계인들에게 다가가는 첫 번째 길이 되었다. 내 생각에는 결과적으로 그의 번역이 서양인들에게 본래의 미학과 다른 오독誤讀을 야기하지는 않은 듯하다. "자연과 인간의 운명이 가진 유한한 아름다움을 우수 어린 회화적 언어로 묘사했다"는 스웨덴 왕립학술원의 노벨문학상 선정 이유를 떠올리면 알 수 있듯이 말이다.

일본이 낳은 또 한 명의 노벨문학상 수상 작가, 오에 겐자부로

오에 겐자부로大江健三郎는 1994년에 가와바타 야스나리의 뒤를 이어 일본인으로서는 두 번째로 노벨문학상을 수상한 작가다. 그러나 오에 겐자부로의 작품들은 26년 전 같은 시상대에 올랐던 가와바타 야스나리의 작품과는 확연히 달랐다. 가와바타 야스나리가 작품에서 일본 고유의 정서와 전통적인 아름다움을 서술하려 노력했다면, 오에 겐자부로는 패전 이후의 전후 세대를 대표하는 작가답게 좀 더 보편적이고 근본적인 인류 공통의 가치에 집중했다. 두 작가의 이러한 성향 차이는 오에 겐자부로의 성장 배경과도 무관하지 않은 듯 보인다.

오에 겐자부로는 1935년 시코쿠 이히메 현에서 태어나 일본 제국의 흥망과 더불어 유년기를 보냈다. 그의 어머니는 태평양전쟁에서 사망한 아버지를 대신하여 오에 겐자부로에게 많은 책을 사주었는데, 그는 그때 읽었던 외국 소설 『닐스의 모험』이나 『허클베리 핀의 모험』을 노벨문학상 수상 소감에서 언급할 정도로 좋아했다.

그 후 일본이 제2차 세계대전에서 패전하면서 1946년에 평화 헌법이 제정되었고, 오에 겐자부로는 중학 시절부터 이 헌법에 기초한 교육을 받으며 성장한다. 고등학교 시절에는 파스칼, 카뮈, 발자크 등 프랑스 작가들의 작품을 접하기 시작했으며, 도쿄 대학 불문과에 입학하여 사르트르의 문학을 접하고 그의 사상에 심취한다. 이렇듯 동시대의 외국 문인들에게 영향을 받으며 자신만의 작품 세계를 구축해나가던 그는 대학 재학중에 쓴 「기묘한 아르바이트」가 1957년에 《도쿄 대학 신문》에 게재되며 등단한다. 그리고 이 이듬해인 1958년에는 사회 비판적인 작품 『사육』으로 최연소 아쿠타가와 상 수상자로 결정된다. 한 가지 눈여겨볼 지점은 당시 오에 겐자부로를 아쿠타가와 상 수상자로 결정한 심사 위원 중 한 명이 바로 가와바타 야스나리였다는 사실이다.

이후 오에 겐자부로는 일생 동안 일본의 민족주의에 대해 비판적인 입장을 고수해왔다. 특히 그가 1967년에 발표한 작품 『만엔 원년의 풋볼』에는 반전주의적인 그의 사상이 잘 드러나 있다. 과거 농민 투쟁이 벌어졌던 고향으로 돌아온 두 형제와 그들의 가족을 중심으로 펼쳐지는 『만엔 원년의 풋볼』은 1860년(만엔 원년)부터 벌어진 100년간의 사건들을 다룬다. 작중에서 형제 중 동생인 다카나는 마을에서 가장 부유한 조선인 '슈퍼마켓의 천황'을 공격하기 위해 청년들을 선동해 풋볼 팀을 조직하는데, 오에 겐자부로는 그런 그가 타락하고 몰락해가는 과정을 서술함으로써 일본의 전체주의를 꼬집었다.

오에 겐자부로의 활동은 작품 저술로만 그치지 않았다. 그는 '문학과 삶은 별개가 아니다'라는 신념 아래 직접 행동하는 지식인이었다. 오에 겐자부로는 일생 동안 수많은 작품과 강연을 통해 일본의 민족주의에 대해 비판적인 목소리를 냈으며, 평화 헌법 수호와 핵무기 반대 운동에 지속적으로 참여했다. 1994년 노벨문학상 수상 연설 당시에도 그는 "일본이 특히 아시아인들에게 큰 잘못을 저질렀다는 것은 명백한 사실"이라 강조하여 일본 사회에 파장을 일으켰다. 이후 우익 단체들의 무수한 협박을 받으면서도 그는 난징 대학살 기념관을 방문하고 고이즈미 총리의 야스쿠니 신사 참배를 비판하는 등 '전후 민주주의자'로서의 정치적 행보를 이어갔다.

또한 오에 겐자부로는 외국의 정치 문제에도 깊은 관심을 가졌다. 1974년에 소련의 반체제 작가 솔제니친이 체포되었을 때 직접 구명 운동을 펼쳤으며, 1975년에 한국의 김지하 시인이 투옥되었을 때에는 단식투쟁까지 벌이며 석방을 요구하기도 했다. 황석영 작가가 1989년 방북 이후 수감되었을 때는 세계 문인들을 대상으로 서명운동을 주도했고, 김영삼 전 대통령에게 황석영의 석방을 직접 요구하기도 했다.

지금도 작품 활동을 계속하며 활발히 목소리를 내고 있는 오에 겐자부로는 행동하는 양심으로서 후대 문인들에게 깊은 울림을 주고 있다.

오에 겐자부로

너무나 다른 두 개의 노벨문학상 수상 연설

일본의 두 노벨문학상 수상자, 가와바타 야스나리와 오에 겐자부로는 대조적인 작가다. 가와바타 야스나리가 전통적 미의식과 자연관에 근거해 일본적인 정서를 일관되게 서술했다면, 오에 겐자부로는 일본의 민족주의에서 벗어나 인류의 보편적이고 근본적인 공통 가치를 서술했다. 조국 일본을 바라보는 두 작가의 이러한 시각 차이는 그들이 노벨문학상 시상식장에서 낭독한 수상 연설에서 단적으로 드러난다.

일본의 첫 번째 노벨문학상 수상자 가와바타 야스나리는 1968년 노벨문학상 시상식 당일, 일본의 전통 예장 '몬츠키하오리하카마' 차림으로 시상대에 오른다. 그의 하카마에는 1961년 일본 정부가 일본 문화 발전에 기여한 데 감사하며 수여한 일본문화훈장이 달려 있었다.

　가와바타 야스나리는 일본 승려 도겐과 묘에의 시조를 낭송하는 것으로 「아름다운 일본의 나」라는 제목의 연설을 시작한다. 이어 그는 무라사키 시키부의 『겐지 이야기』 등 일본 고전 문인들의 작품과, 일본의 선불교, 다도가 '센노 리큐千利休'의 어록 등을 인용하며 일본만의 전통적인 자연관과 미의식, 그리고 그 근본을 이루는 오묘한 일본인의 심성을 차례로 소개한다. 특히 그는 '눈, 달, 꽃'이라는 말이 일본의 미를 표현하는 기본 사상이라고 강조하고, 계절을 따라 변화하는 일본의 순환적 생사관을 난해하지만 신중한 언어로 설명했다.

1985년 스웨덴에서 발행한 『설국』 기념 우표

반면 1994년 일본인으로서는 두 번째로 노벨문학상을 수상한 오에 겐자부로는 선배 작가가 26년 전에 밟았던 단상에 서양식 연미복 차림으로 오른다. 같은 해 그는 일본문화훈장 수상자로도 결정됐지만 일본의 국가주의를 비판하기 위해 훈장을 거부한 바 있다. "나는 전후 민주주의자이므로, 민주주의 위에 군림하는 권위와 가치관을 인정할 수 없다"는 것이 그의 입장이었다.

오에 겐자부로는 1994년 노벨문학상 시상식장에서 가와바타 야스나리의 수상 연설 「아름다운 일본의 나」를 패러디한 「애매한 일본의 나 あいまいな日本の私」라는 제목의 기념 연설을 한다. 여기에서 그는 신중한 어조로, 하지만 단호하게 선배 작가 가와바타 야스나리의 '아름다운 일본'을 비판한다.

어렸을 적 자신이 즐겨 읽었던 『닐스의 모험』과 『허클베리 핀의 모험』을 언급하며 이야기를 시작한 오에 겐자부로는, 자신은 일본의 선배 작가 가와바타 야스나리보다 아일랜드의 시인 예이츠와 심정적으로 더 가깝게 느낀다고 말하며 가와바타 야스나리와 선을 긋는다. 이어 그는 신비주의적 어조로 일본적 아름다움을 소개한 가와바타 야스나리의 연설 「아름다운 일본과 나」가 아름다운 동시에 매우 '애매ambiguous'하다고 비판하며, 가와바타 야스나리 자신도 '아름다운 일본'을 명료하게 설명할 수 없었기 때문에 고전 작품을 빈번히 인용했던 것이라 꼬집는다. 그는 이 '애매함'이 현대 일본이 본질적으로 가지고 있는 속성이라 설명하며 '애매함'을 중심으로 연설을 이어나간다.

오에 겐자부로는 자국의 신비주의와 국가주의에 귀속되려는 일본의 폐쇄성이 일본인을 애매함이라는 속성에 갇히게 했고, 이 때문에 일본이 아시아에서 정치, 문화, 사회적으로 고립되었다고 비판했다. 또한 그는 일본이 이 애매함 때문에 동양의 여러 국가에 폐를 끼쳤다며 반성의 목소리를 냈다.

이어 일본 내 우익 세력들을 '원폭 피해자들에 대한 배신자'라고 규탄한 오에 겐자부로는 일본의 '애매함'이라는 속성을 대체할 '품위 있는decent'이라는 속성을 제시하며 연설을 마무리한다. '품위 있는 일본인'이 갖춰야 할 덕목으로는 대학 시절 와타나베 가즈오 교수에게 배웠던 '휴머니즘'을 들었다.

"시적 창조력으로 현실과 신화가 밀접하게 뒤섞인 상상의 세계를 창조하여, 궁지에 몰린 현대인의 양상을 보편적이고 충격적인 언어로 묘사했다"는 그의 노벨문학상 선정 이유에서처럼, 오에 겐자부로는 연설을 통해 세계적이고 보편적인 입장에서 '아름다운 일본'의 존재를 부정하고, 애매함이라는 성격으로 일본의 만행을 특징지으며 세계에 고발한 것이다.

가와바타 야스나리의
삶과 문학

고독을 너무 일찍 깨우친 소년

한 소년을 생각해본다.

학교에서 돌아와 굳게 잠겨 있는 대문을 열고 아무도 반겨주지 않는 집으로 들어서는 왜소한 소년. 시력을 거의 상실한 빈사의 노인만이 지키고 있는 어두컴컴한 공간에서 혼자 밥을 차려 먹는 소년. 다음 날도 그다음 날도 이런 일상을 반복했을 소년.

소년에게 꿈은 무엇이었을까? 소년에게 삶은 무엇이었을까?

가와바타 야스나리를 생각하면 나는 자꾸만 한 소년의 모습이 떠오른다. 그 소년의 모습은 이상하게 지워지지 않고 끊임없이 떠오른다. 그의 책을 읽을 때도, 그와 관련된 어떤 장소를 마주할 때도 자꾸만 검은 옷을 입은 그 소년이 떠오른다. 『설국』의 고장 에치고 유자와를 떠나, 나는 그 소년을 만나러 간사이 지방으로 간다. 소년이 너무나 일찍 세상의 고독을 깨우친 그곳을 찾아간다.

가와바타 야스나리가 태어나 대학에 입학하기 전까지 살았던 곳,

오사카와 오사카 부에 속한 이바라키 시 인근 지역이다.

가와바타 야스나리는 오사카 시 기타 구 고노하나 초此花町에서 태어나 세 살 때 고아가 되면서 오사카 부 미시마 군 도요카와豊川로 옮겨가 자란다. 도요카와는 지금의 이바라키 시다. 이바라키 시는 도쿄 동북부에 있는 이바라키 현과는 다른 곳이다. 오사카에서 교토로 가는 길목에 위치한 곳으로, 활동적이고 시끌벅적한 오사카와 고즈넉한 교토의 지역 특성이 절묘하게 섞여 있는 곳이다.

가와바타 야스나리가 어른이 되기 전에 생을 보낸 곳을 찾아가기에 앞서 해야 할 일이 있다. 너무 기구해서 오히려 비현실적으로 다가오는 그의 어린 시절을 들여다보는 일이다.

가와바타 야스나리는 1899년 의사인 아버지 에키치와 어머니 겐 사이에서 태어났다. 7개월 만에 태어난 조숙아였다. 태어난 순간부터 이미 평범한 운명은 아니었던 셈이다.

가와바타 가문은 대대로 지방 영주의 토지를 관리해온 지역 명문가였다. 하지만 가와바타 야스나리가 태어나던 무렵에는 근대화의 물결에 적응하지 못해 몰락해가고 있었다. 외가인 구로다黑田 가문도 지방의 대지주였다.

가와바타 야스나리는 아버지, 어머니를 거의 경험하지 못한 채 자라난다. 두 살 때 아버지가, 세 살 때 어머니가 돌아가셨기 때문이다. 부모가 사망한 후 이바라키에 있는 조부모 집에서 살았지만 일곱 살에 할머니가, 열 살 때는 누나가 세상을 떠난다. 그리고 결국 마지막 보호자였던 할아버지마저 열다섯 살 때 돌아가시면서 가와바타 야스나리는 세상에 홀로 남겨진다. '장례의 명인'이라는 별명이 붙을 정도로 그의 초반 생은 죽음과 이별로 점철되었다.

친척들의 도움으로 학업을 지속하기는 했지만 가와바타 야스나리 스스로 말하는 '고아 근성'은 바로 이때 형성되어 평생에 걸쳐 그를 지배한다.

가와바타 야스나리는 도요카와 초등학교와 이바라키 중학교(현 오사카 부립 이바라키 고등학교)를 다니는 동안 대부분의 시간을 할아버지와 보내는데, 그는 훗날 "할아버지는 아침에 일어나 방 안에 앉아 동쪽 하늘을 보는 것이 유일한 일과였다"고 술회한다. 참 막막한 상황이었을 것이다. 집이라고 해봐야 하루 종일 먼 하늘만 바라보고 있는 할아버지와 집안일을 도와주는 일자무식의 식모뿐이었으니 그에게 인생을 가르쳐줄 만한 사람은 존재하지 않았던 것이다. 그의 유소년기가 어떠했을지 짐작이 간다.

그래도 다행히 친척들과 주변 사람들의 도움이 적지 않았던 듯하다. 성장한 후에 가와바타 야스나리는 "나는 어렸을 때부터 고아였지만 다른 사람들의 정을 많이 받아왔다. 그 때문에 결코 타인들을 미워하거나 증오할 수 없는 사람이 되어 있었다"라고 털어놓기도 했다.

작가들의 문학적 취향과 개성은 대부분 어린 시절에 만들어진다. 태어나고 자란 환경이 한 사람의 정신적 상처를 결정하기 때문이다. 가장 예민하고 집요한 형태로 기억 속에 남아 있는 어린 시절의 원체험이 결국 그 작가가 써 내려갈 문학의 밑그림이 되는 것은 어

이바라키 중학교 입학 기념사진

가와바타 야스나리가 이바라키 중학교에 입학했을 당시 같은 반 학생들과 함께 찍은 사진이
다. 뒤에서 두 번째 줄, 오른쪽에서 세 번째 소년이 가와바타 야스나리이다. 당시는 일본 근대
문학이 막 꽃피던 시기였고 청소년들의 문학 수준도 높았다. 하지만 흥미롭게도 가와바타 야
스나리의 작문 성적은 88명 중 86등을 기록했다.

쩌면 당연하다.

가와바타 야스나리의 경우는 더욱 그러했을 것이다. 그의 어린 시절은 치명적이라고 할 만큼 잔인했기 때문에 그 기억이 그를 지배한 것은 일종의 숙명이 아니었을까. 그의 어린 시절을 찾아가는 발걸음은 그래서 더욱 무거웠다.

가와바타 야스나리의 자전적 소설 「뼈 추리기骨拾ひ」에는 섬뜩하면서도 미학적인 장면이 나온다. 할아버지의 장례식이 있던 다음 날, 화장장에서 할아버지의 유골을 추리던 열여섯 살 소년의 코에서 붉은 피가 뚝뚝 흘러나온다. 소년은 허리끈으로 코를 가린 채 사람들 몰래 정오의 햇살이 내리쬐는 언덕으로 올라간다. 쉬지 않고 흐르는 코피가 그의 옷을 붉게 물들인다.

오사카 부 이바라키는 바로 이 열여섯 고아 소년이 종주먹을 쥔 채 살아야 했던 곳이다. 서울에서 이곳을 가는 길은 크게 보면 한 가지밖에 없다. 어차피 오사카 시내를 거쳐야 하기 때문이다. 어떤 경로로든 오사카를 기점으로 그 인근에 흩어져 있는 가와바타 야스나리의 흔적을 찾아가야 한다.

나는 오사카의 관문인 간사이 국제공항을 통해 일본에 입국했다. 공항버스를 타고 우메다 역까지 이동해 인근에서 하룻밤을 보낸 다음 그의 흔적을 찾아가기로 했다.

오사카에는 몇 차례 가봤지만 그날따라 간사이 공항은 혼란 그 자체였다. 왜 하필 늦은 시간대에 이런 난리가 벌어졌는지 이유는 모르겠지만, 간사이 공항은 중국인 관광객들로 가득 차 있었다. 공항의 모든 공간에 중국인들이 구불구불 줄을 서 있었다. 일본에 입국하면서 입국 수속을 밟기 위해 두 시간 넘게 줄을 서서 기다린 것은 처음이었다.

결국 오사카 시내로 가는 공항버스는 끊겼고, 나는 황량한 공항 건물 앞에 한참 동안 앉아 있었다. 사람이 빠져나간 늦은 시간 공항은 을씨년스러웠다. 먼 나라에 온 것도 아니었는데 이상하리만큼 단절감이 크게 다가왔다. 어디론가 움직이기도 싫었고 한참을 아무것도 먹지 않았지만 배도 별로 고프지 않았다. 체념 같은 게 몰려왔다.

사실 '체념'이라는 단어는 가와바타 야스나리의 흔적을 찾아다니는 내내 나를 따라다닌 '화두'였다. 체념한다는 것, 그리고 그 체념의 힘으로 무엇인가를 한다는 것. 그것이 가와바타 야스나리였다. 체념에는 체념이 주는 힘이 있다. 깊은 체념을 경험해본 사람들은 안다. 체념이 힘이 된다는 것을. 가와바타 야스나리는 "내가 원고의 첫 행을 쓰는 것은 절체절명의 체념을 하고 난 다음이다"라고 말하기도 했다.

희망보다 체념을 먼저 배운 자는 잔치가 끝난 다음의 미학이 무엇인지를 안다. 시끌벅적하던 사람들은 모두 떠나고 그 흔적들만이 어지럽게 널려 있는 공간에서 몸을 일으켜 무엇인가를 한다는 것은 분명 색다른 미학이다. 모두 다 끝났다고, 더 이상 아무것도 없다고 생각한 순간 '코피를 쏟는 일'. 그것은 체념의 도를 깨우친 자만이 찾아낼 수 있는 표현이다.

나는 그렇게 한 시간쯤을 텅 빈 벤치에 앉아 있다 택시를 잡아타고 오사카 시내로 들어갔다. 오사카는 도쿄와는 다르다. 거센 말투의 간사이벤(関西升, 간사이 방언)이 웅변하듯 오사카는 언제나 활기가 넘친다. 오랜 역사와 상인들의 전통이 잘 조화된 곳이다. 오사카 사람들은 인정이 많지만 고집이 세다. 그들은 다른 일본인들보다 먹고 마시는 걸 좋아한다. 그래서 도쿄 사람들에 비해 한국인과 잘 통한다. 실제로 한국인들이 가장 오랫동안 많이 정착해 살아온 도시가 오사카다.

흥미로운 점은 이 시끌벅적한 도시에서 불과 기차로 40분 정도 거리에 고즈넉하고 우아한 교토가 있다는 사실이다. 두 지역은 사람들의 기질도 다르다. 간사이 지방에는 두 지역 사람들의 특징을 비교한 재미있는 속담이 있다.

"오사카는 먹다가 망하고, 교토는 입다가 망한다."

이 얼마나 상징적인가. 두 도시의 개성을 단적으로 보여준다. 실리와 욕망에 솔직한 오사카와, 격식과 품위를 중시하는 교토는 같은 간사이 지방의 대표 도시이면서도 너무나 다르다.

앞서 말한 것처럼 가와바타 야스나리가 자란 이바라키 시는 오사카와 교토의 특징이 절묘하게 반씩 섞인 곳이다. 지리적으로도 그렇고, 문화적으로도 그렇고, 역사적으로도 그렇다. 교토의 전통이 살아 있는 곳이면서도 오사카 항을 통해 들어온 개방적인 문물이 혼합된 곳이 이바라키다. 일상생활에서 지역 풍습을 중시하면서도 간사이 지방에서 가장 일찍 기독교를 받아들여 기독교인 마을이 만들어진 곳이다.

자정이 훌쩍 넘은 시간, 비즈니스호텔에 여장을 풀고 오사카 부 전철 노선도를 탐구하듯 들여다보았다. 호텔에서 가와바타 야스나리 탄생지까지 몇 차례 전철을 갈아타야 했고, 다시 탄생지에서 이 바라키까지도 지하철과 전철을 몇 차례 갈아타야 했기 때문이다. 가본 사람들은 알지만 오사카나 도쿄 같은 일본 대도시의 전철은 그야말로 난수표다. 전철과 지하철을 잘 구분해야 함은 물론이고, 갈아타는 역의 구조도 알아야 한다. 같은 열차도 쾌속이냐 급행이냐에 따라 몇 개 역을 건너뛰는 경우도 있으니 이것도 주의해야 한다. 게다가 노선을 운영하는 회사들이 각기 달라서 갈아탈 때 티켓이나 패스가 호환이 안 되는 경우도 있다.

이 복잡한 노선도 어디쯤 110여 년 전의 흔적들이 얼마나 남아 있을지 사뭇 궁금했다.

그의 인생처럼 차갑고 어두웠던

가와바타 야스나리의 탄생지는 그가 태어날 당시 오사카 시 북구 하나마치다. 지금은 상점가로 유명한 텐진바시 근처 미나미모리마치南森町 지역이다.

이곳을 찾아가는 길은 별로 어렵지 않다. 오사카 어디에서 출발하든 일단 히가시우메다 역을 거치는 것이 좋다. 히가시우메다 역은 오사카 교통의 요충지인 우메다 역에서 도보로 쉽게 이동할 수 있다. 간사이 공항에서 들어오든 오사카 다른 지역을 거쳐 시내로 들어오든 일단 우메다를 기점으로 생각하면 된다.

가와바타 야스나리 탄생지가 있는 미나미모리마치는 히가시우메다 역에서 딱 한 정거장이다. 다니마치선을 타도 한 정거장이고 사카이스지선을 이용해도 마찬가지다. 근처에 JR 도자이선 등이 지나고 있어 다른 역에서 내리는 방법도 있지만 미나미모리마치에서 찾아가는 것이 가장 쉽다.

가와바타 야스나리가 태어난 집은 미나미모리마치 역에 내려 텐만구天満宮 신사 방향으로 5분 정도 이동하면 텐만구 정문 근처에 있다.

그가 두 살이 될 때까지 살았던 생가 터는 유심히 보지 않으면 무심코 지나칠 만큼 작고 소박하다. 집터에는 '아이오이로相生楼'라는 간판이 걸린 음식점이 있고, 작은 정원 한쪽에 이곳이 가와바타 야스나리의 탄생지임을 알리는 작은 표지석이 서 있을 뿐이다.

그는 이곳에서 1899년 6월 14일 태어나 아버지가 사망한 1901년, 그러니까 두 살 때까지 살았다. 이후 어머니의 친정이 있는 오사카 히가시요도가와로 잠시 옮겨가 살았으나 어머니마저 채 1년도 안 되어 사망하자 조부가 있는 이바라키로 가서 성장하게 된다.

그의 부모는 모두 결핵으로 사망했다. 19세기에서 20세기 초에 이르는 기간은 국가와 대륙을 막론하고 '결핵의 시대'라 할 정도로 결핵균이 만연한 시기였다. 당시 결핵은 사형선고와도 같았다. 20세기 중반에 범용 결핵 치료제가 유통되기 전까지 결핵은 안타까운 목숨을 수없이 앗아갔다. 특히 결핵은 전염성 질환이라 가족이 함께 사망하는 경우가 많았다. 가와바타 야스나리 가문의 비극도 결핵균 전염 때문에 일어났다.

가와바타 가문은 지방의 명문가였다. 부계 가문은 대대로 영주의 측근이자 토지 관리인이었고, 어머니 쪽 가문도 지역의 대지주였다. 가와바타 야스나리에게 이모부가 되는 요시카즈 집안은 당시 중의원 의원을 지내는 등 힘깨나 쓰는 집안이었다. 가문의 위세는 가와바타 야스나리의 삶에 큰 영향을 미쳤다. 갓난아기 시절에 부모를 잃고 천애 고아가 된 그가 그나마 정상적인 교육을 받으며 성장할 수 있었던 배경에는 뼈대 있는 가문의 도움이 크게 작용했다. 그 자신도 이렇게 술회한 적이 있었다. "나는 빈곤한 학생이면서도 취미 활동은 특급으로, 여행할 때 료칸은 일류여야 한다는 허영심이 있었다. 촌락의 명가였던 우리 일족의 피 때문이 아닌가 싶다."

생가 터는 그가 불과 두 살까지밖에 살지 않은 곳이라 관련 유적이라고 해봐야 집터와 표지석이 전부이지만 사람들이 꽤나 북적대는 편이다. 오사카를 대표하는 관광지 중 한 곳인 텐만구 신사 정문 바로 앞이기 때문이다.

오사카 텐만구는 대학 입시철이 되면 학부모들이 몰려들어 문전성시를 이룰 정도로 유명한 기도처다. 학문의 신인 스가와라 미치자네菅原道眞를 모시고 있기 때문이다. 입시철만 되면 영험하다는 기도처를 찾아 공을 드리는 건 일본이나 우리나라나 마찬가지다.

오사카 텐만구는 650년에 최초 건립된 아주 오래된 신사다. 지금 남아 있는 본전 건물은 1843년에 지어진 것으로 그리 오래되지는 않았지만 날렵한 일본 사찰 건축의 미학을 보여준다. 규모도 큰 편이라 경내를 한 바퀴 돌아보아도 좋다.

미나미모리마치는 일본에서 가장 길다는 텐진바시스지天神橋筋 상점가가 시작되는 곳이기도 하다. 상점가는 텐진바시 1가에서 7가

가와바타 야스나리 생가 터

오사카 미나미모리마치에 있는 가와바타 야스나리의 생가 터. 오른쪽에 글씨가 새겨져 있는
비석이 이곳이 그의 탄생지임을 알려준다. 가와바타 야스나리의 집안은 대대로 지역 명문가
였지만 그가 태어날 무렵 몰락하고 있었다. 그는 두 살과 세 살 때 아버지와 어머니를 차례로
여의고 조부모가 있는 이바라키로 가서 성장한다.

텐만구 신사

가와바타 야스나리 생가 터 건너편에 있는 텐만구 신사. 학문의 신인 스가와라 미치자네를 모시고 있어 입시철 기도처로 유명하다.

까지 지하철 세 정거장 정도인 길이 2.6킬로미터에 걸쳐 있다. 유명 브랜드보다는 소박한 간사이 물건을 파는 상점들이 몰려 있어 오사카에 가는 사람들은 반드시 찾는 장소다.

생가 터에서 머물렀던 한 시간여 동안 나를 지배한 건 쓸쓸함이었다. 너무 뜻밖이었다. 지나치는 사람들은 가와바타 야스나리의 생가 터에 그다지 관심을 보이지 않았다. 오히려 표지석을 카메라로 열심히 찍고 있는 나를 신기해하는 것 같았다. 이미 알고 있어 무심했을 수도 있고, 외지에서 온 사람들은 표지석이 작아서 미처 모르고 지나쳤을 수도 있다. 사람들은 가와바타 야스나리에게 관심이 없는 듯했다. 오사카의 6월 햇살만이 집터를 사선으로 비추고 있었다.

나는 그의 생가 터를 떠나며 허벅지 높이 정도밖에 안 되는 가와바타 야스나리 생가 표지석에 손을 얹어보았다. 대리석은 너무나 차가웠다. 그의 생애만큼이나 어둡고 차가웠다.

그곳에는 꽃잎이 떨어지고 있었다

가와바타 야스나리 탄생지에서 그가 성장기를 보낸 이바라키 시까지는 그리 멀지 않다. 이바라키 일대는 그가 부모가 모두 사망한 1902년부터 1917년 진학을 위해 도쿄로 상경할 때까지 살았던 곳이다.

그는 이곳에서 조부모와 어린 시절을 보내고 1906년 도요카와

진조 고등소학교(현재 이바라키 시립 도요카와 초등학교)에 입학한다. 초등학교를 졸업한 후 1912년 6년제 이바라키 중학교(현 오사카 부립 이바라키 고등학교)에 입학하면서 감수성 예민한 문학 소년으로 성장한다.

이바라키 역에 내리면 역 구내를 나오자마자 절이 하나 보인다. 이 절이 바로 히가시혼간지 이바라키 별관이다. 이곳은 그의 개인사에서 매우 의미 있는 사건이 일어난 현장이다. 가와바타 야스나리가 중학교 5학년일 때 존경하던 스승인 구라자키 준이치로가 사망한다. 그때 영결식이 이곳 별관에서 열렸는데 5학년생 전원이 참석했다고 한다. 영결식이 끝난 후 가와바타 야스나리는 영결식 장면을 묘사한 산문 「스승의 관을 어깨에 메고」를 학생 잡지에 발표한다. 그의 글이 잡지에 처음으로 발표된 일이라 할 수 있다.

물론 그 이전에도 가와바타 야스나리가 여러 문학잡지에 글을 투고했다는 기록은 있다. 그러나 등단으로 이어지지 않아서 그 글이 활자화되지는 못했다. 또 그의 초기작인 「16세의 일기十六歳の日記」도 중학 3학년 때 초고를 쓴 것으로 알려져 있으나 그것이 공식적으로 발표된 것은 시간이 한참 흐른 1925년《문예춘추》를 통해서였으므로 「스승의 관을 어깨에 메고」가 첫 번째로 활자화된 글이라고 보는 데는 무리가 없어 보인다.

히가시혼간지 이바라키 별관은 규모가 꽤 크다. 안으로 들어가보면 꽤 고풍스러운 본전이 있고 넓은 마당도 있다. 마당 한쪽에 부설 유치원까지 있는 걸로 보아 지역사회에서 이 절이 차지하는 비중이 꽤 크다는 것을 짐작할 수 있었다.

이 넓은 마당에서 100년 전쯤 가와바타 야스나리의 스승 구라자키 준이치로의 영결식이 열렸을 것이다. 나는 검은 교복을 입고 있는 가와바타 야스나리의 모습을 상상했다. 어쩌면 죽음에 관한 글은 그가 가장 잘 쓸 수 있는 글이었을지도 모른다. 가족의 죽음을 연이어 경험한 조숙한 소년에게 이미 죽음은 멀리 있는 것이 아니었다. 소년에게 죽음은 눈앞에서 목도한 차가운 현실이었을 것이다. 소년은 죽음 앞에서 놀라지도 허둥대지도 공포에 떨지도 않았을 것이다. 그렇기 때문에 그는 죽음이라는 영원한 이별의 순간을 영결식장에 있던 그 어느 동급생보다도 담담하게 바라볼 수 있었을 것이다.

가와바타 야스나리는 노벨문학상을 받은 이후 "나는 작품을 통해 죽음을 미화하고 인간과 자연과 허무 사이의 조화를 추구했다"라는 말을 한 적이 있다. 그에게 죽음은 늘 가까이에 있는 미학이자 문학적 자기장의 중심이었다.

나는 그를 떠올리면 늘 벚꽃이 생각났다. 죽기 직전의 모습이 이다지도 화려한 꽃이 벚꽃 말고 또 있을까. 벚꽃은 절정의 시기를 잠시 보여주고 꽃비가 내리듯 소멸을 향해 간다. 어느새 돌아보면 꽃은 온데간데없이 사라지고 푸른 잎만 남는다. 가장 아름다운 순간은 가장 빠르게 지나간다는 것을 알려주듯. 이바라키의 벚꽃도 그렇게 영혼처럼 떨어져갔으리라.

가와바타 야스나리의 중학교 시절은 일본 근대문학이 막 꽃피우던 시기였다. 봉건 질서의 붕괴와 근대 문물의 유입으로 일본에는

히가시혼간지 이바라키 별관
가와바타 야스나리의 스승 구라자키 준이치로의 영결식이 열린 곳이다. 이바라키 중학교 5학년 학생들은 영어 선생님인 구라자키 준이치로의 부고를 듣고 전원이 장례식에 참석한다. 가와바타 야스나리는 이날의 심정을 담아 산문 「스승의 관을 어깨에 메고」를 쓴다. 이 글은 가와바타 야스나리가 공식적으로 발표한 최초의 글이었다.

새로운 바람이 불어닥치고 있었다. 문학에 있어서도 근대화의 바람은 거셌다. 일본 청소년들은 막 번역되기 시작한 도스토옙스키, 톨스토이, 스탕달, 에밀 졸라, 발자크 등을 읽으며 문학의 열병을 앓기 시작했다.

특히 도스토옙스키와 톨스토이 열풍이 상당했다. 『죄와 벌』 『부활』 등의 영향으로 집안 좋은 대학생들이 불운한 여성을 만나 사랑을 나누는 것이 유행처럼 번지기도 했다. 서구 문학에 경도된 청춘들은 자기 나름의 소냐와 카추샤를 찾아 연정을 불태웠다.

가와바타 야스나리도 중학교 졸업 이후 대학 2학년 때 이토 하쓰요라는 카페 여종업원을 만나 사랑에 빠지는데, 이 역시 도스토옙스키나 톨스토이 열풍의 영향으로 추측된다. 가와바타 야스나리는 이토 하쓰요와 약혼까지 하지만 결국 그녀의 변심으로 파혼하게 된다. 이 사건은 훗날 가와바타 야스나리의 사랑관과 여성관에 적지 않은 영향을 미치게 된다.

당시 서구 문학 붐에 영향을 받아 그도 이때부터 광적으로 독서에 매달린다. 경쟁심 같은 것도 작용한 듯 보인다. 중학교 때 이미 문단에 등단하는 작가도 나오기 시작했을 만큼 당시 청소년들은 문학 수준이 매우 높았다. 가와바타 야스나리와 나이가 같은 미야모토 유리코宮本百合子는 중학교 5학년 때 문단에 데뷔해 파란을 일으켰다. 작품의 수준이 높았던 데다 여성이라는 점까지 더해져 일본열도를 떠들썩하게 했다.

가와바타 야스나리는 중학교 시절 자국 작가 중 시마자키 도손島崎藤村을 좋아하여 그의 시집을 특히 많이 읽었다. 시마자키 도손은 전통적인 7·5조의 일본시 형식에 서구 의식의 이미지즘을 결합한 시를 많이 썼는데, 주로 청춘의 고뇌를 주제로 한 시였다.

그는 무샤노코지 사네아쓰武者小路實篤의 책도 많이 읽었는데, 자연이나 낭만을 뛰어넘는 이지적인 문학 세계를 좋아했던 듯하다. 무샤노코지 사네아쓰는 한국에 잘 알려지지 않은 작가였는데 1994년 당시 김영삼 대통령이 일본 방문 때 그의 일화를 연설의 소재로 사용하면서 잠깐 관심을 끌었던 인물이다. 김영삼 전 대통령은 일본 국회에서 토마토와 가지가 그려져 있는 흰 접시 위에 '나는 나, 너는 너, 그러나 사이좋게'라고 사인을 했던 무샤노코지 사네아쓰의 일화를 인용했다. 한일 양국이 서로의 차이를 인정하고 앞으로 나아가자는 제안을 우회적으로 한 것이다.

가와바타 야스나리는 다른 일본의 청소년들과 달리 당시 스타 작가였던 나쓰메 소세키나 아쿠타가와 류노스케에게는 크게 관심을 보이지 않았던 듯하다. 특정 작가에 집중하기보다는 이때부터 이미 무용이나 희곡, 영화 등 다른 예술 분야 서적을 많이 읽었다. 성년이 된 이후 그가 신감각파라는 새로운 사조의 선도자가 될 수 있었던 것도 청소년 시절의 경계를 넘어선 독서 경향 때문이 아니었을까 하는 생각이 든다.

흥미로운 건 중학교 시절 가와바타 야스나리의 작문 점수가 높지 않았다는 사실이다. 현재 남아 있는 이바라키 중학교 성적표에는 그의 작문 성적이 전교생 88명 중 86등으로 기록되어 있다.

두 가지 유추가 가능하다. 하나는 그가 중학교 시절에 아직 작문에 눈뜨지 못했을 가능성이다. 그의 성장 과정을 보면 그는 조숙하

시마자키 도손(왼쪽)과 무샤노코지 사네아쓰

중학생 가와바타 야스나리가 즐겨 읽었던 작가들이다. 중학교에 입학한 가와바타 야스나리는
당시 유행했던 나쓰메 소세키나 아쿠타가와 류노스케의 작품보다는 청춘의 사랑과 고뇌를
노래했던 시마자키 도손과 무샤노코지 사네아쓰의 작품을 좋아했다. 그는 두 작가의 책을 즐
겨 읽으며, 감수성 예민한 문학 소년으로 성장한다.

기는 했으나 표현력이 비범한 소년은 아니었다. 섬세하고 예민했지만 그것을 표현하는 데는 능숙하지 않았다.

또 한 가지는 당시 중학 과정의 작문 평가 기준과 가와바타 야스나리의 성향이 맞지 않았을 가능성이다. 실제로 그는 당시 유행과는 사뭇 다른 지향점을 품고 있었다. 가와바타 야스나리는 글쓰기에 빠져 있는 골수 문학 소년이라기보다는 문화 예술 전반에 걸쳐 촉을 세우고 있던 '예술 지상주의자'에 더 가까웠다.

그래도 놀랍다. 중학교 작문 성적이 88명 중 86등이었던 학생이 50년 후 노벨문학상 수상 작가가 되었으니 말이다. 그 50년 동안 도대체 무슨 일이 있었던 걸까. 나는 그 50년이 더욱 궁금해졌다.

흑백사진과 육필 원고 사이를 거닐다

히가시혼간지 이바라키 별관을 나와 이바라키 고등학교 방향으로 100미터 정도 걸어가면 자그마한 신사이바시 상점가 골목이 시작된다. 이곳 입구에도 가와바타 야스나리와 연관된 장소가 있다. 전혀 특별해 보이지 않는 평범한 상점가여서 눈여겨보아야 한다.

걸음을 멈추고 유심히 살펴보면 상점가 입구 왼쪽 건물 벽에 걸려 있는 오래된 목조 간판이 하나 보인다. 간판에는 '토라야세세도 서점虎谷誠堂書店'이라고 적혀 있다. 이 서점은 1895년에 창업해 122년째 전통을 이어오고 있는 노포老鋪다. 이바라키 중학교에 다니던 가와바타 야스나리가 훗날 유명한 논픽션 작가가 된 후배 오야 소이

중고 서점에서 발견된 가와바타 야스나리의 첫 발표작

영어 교사 구라자키 준이치로倉崎仁一郎의 영결식을 묘사한 산문 「스승의 관을 어깨에 메고師の柩を肩に」는 가와바타 야스나리의 글 중 처음으로 매체에 발표된 작품이다. 존경하던 스승의 영결식에 참석한 중학생 가와바타 야스나리는 스승을 추모하기 위해 장례식 당일의 심정과 모습을 묘사한 산문 「스승의 관을 어깨에 메고」를 쓴다. 이 글은 일본어 교사 야마와키 세이키치의 추천으로 오사카의 편집자 이사마루 고헤이에게 보내졌고, 이사마루 고헤이의 눈에 들어 그가 발행하던 가정 잡지 《단란団欒》에 게재된다.

가와바타 야스나리가 후에 이 글을 바탕으로 소설 두 편을 더 창작했을 정도로 「스승의 관을 어깨에 메고」는 그의 문학 세계 형성에 중요한 영향을 미쳤다. 그가 1927년에 대중 오락 잡지 《킹キング》에 발표한 작품 「구라키 선생님의 장례식倉木先生の葬式」과, 1949년 소년 잡지 《동광소년東光少年》에 발표한 「스승의 관을 어깨에 메고師の棺を肩に」는 모두 「스승의 관을 어깨에 메고」에서의 체험을 소재로 하고 있다. 이렇듯 「스승의 관을 어깨에 메고」는 가와바타 야스나리의 출세작이자 그의 초기 문학 연구에 있어 중요한 자료다.

그러나 그간 「스승의 관을 어깨에 메고」는 가와바타 야스나리 본인의 증언으로만 알려졌을 뿐, 정작 글이 실렸던 잡지 《단란》의 원본이 전해지지 않아 작품의 소재가 불분명했다. 일본 신초샤에서 『가와바타 야스나리 전집川端康成全集』이 간행될 때에도 「스승의 관을 어깨에 메고」는 "다이쇼 5년(1916년), 영어 교사를 추도한 산문이 잡지 《단란》에 게재되었다"고 연보에만 언급되고 작품 전문은 수록되지 못했다.

그러다 2012년 일본의 가와바타 야스나리 연구자 미야자키 나오코가 마침내 나고야 시내의 한 중고 서점에서 잡지 《단란》의 다이쇼 6년 3월호를 찾아낸다. 여기에는 「스승의 관을 어깨에 메고」 원본은 물론, 당시 작품의 편집을 담당했던 편집자 이사마루 고헤이의 평론까지 실려 있어 화제가 되었다.

특히 이 발견을 통해 그간 잘못 알려져 있었던 「스승의 관을 어깨에 메고」에 관한 몇몇 정보들이 정정되었다. 그동안 다이쇼 5년(1916년)이라고 알려졌던 「스승의 관을 어깨에 메고」의 게재 연도는 다이쇼 6년(1917년)이었으며, 무엇보다 작품의 정확한 제목은 「스승의 관을 어깨에 메고師の柩を肩に」가 아니라 「학생의 어깨에 관을 메고生徒の肩に柩を戴せて」였다. 또한 '장례식의 날, 밤샘하는 인상葬式の日,通夜の印象'이라는 부제까지 붙어 있었다. 아마 가와바타 야스나리가 훗날 작품을 회상하면서 착오가 있었던 것으로 보인다.

"아~ 정말인가エッ—ほんとうか?"라는 허무감 가득한 문장으로 시작하는 작품의 줄거리는 다음과 같다. 어느 날 이바라키 중학교 학생들은 갑작스럽게 영어 교사의 부고를 듣게 된다. 학생들은 평소 존경하던 스승이 돌연 세상을 떠났다는 사실을 믿을 수 없지만, 소식을 전하는 교사들의 비통한 목소리에 이내 사실을 받아들이게 된다. 그날 5학년 학생들은 자발적으로 도장에 모여 영어 선생님을 어떻게 기릴 것인지 의논한 뒤, 5학년 전원이 선생님의 장례식에 인부로 참여하기로 한다.

중학교 시절 가와바타 야스나리

장례식 당일, 학생들은 희미하게 내리쬐는 햇살을 받으며 스승의 관을 어깨에 멘다. 검소하고 엄숙한 장례 행렬이 마을에서부터 식이 진행될 히가시혼간지 이바라키 별관까지 이어진다. 졸업생이 이렇게 많이 모인 건 학교 창립 이래 처음이라 행인들마저 감격한다.

행렬이 영결식 장소에 도착하자 스님의 인도로 식이 거행된다. 그러나 전날 내린 폭설로 유가족 몇 명이 제시간에 도착하지 못해 다비(화장)의 진행이 잠시 멈춘다. 해가 저문 지 오래였지만 학생들은 돌아가지 않고 함께 스승의 곁을 지킨다. 그동안 낮에 참석하지 못했던 학생들이 차례차례 도착한다. 돌아가신 선생님의 도움으로 학적을 유지할 수 있었던 Y도, 건강이 나빠 주위를 걱정시키던 M도 왔다. 학생들은 선생님과의 추억을 나누면서 함께 밤을 지새운다. 이윽고 식이 재개되고 독경이 바쳐지자 모두가 머리를 숙이고 영전에 참배한다.

가와바타 야스나리는 삶의 환희보다 죽음의 허무를 먼저 배운 소년이었다. 가족의 죽음을 연이어 경험해야 했던 소년에게 죽음은 삶의 예사로운 순간 중 하나일 뿐이었으니, 또래라면 으레 당황하고 두려워했을지도 모를 스승의 죽음을 그는 누구보다 담담하게 서술할 수 있었을 것이다. 그런 가와바타 야스나리가 공식적으로 처음 선보인 작품이 누군가의 죽음에 관한 글이었다는 사실은 어쩌면 당연한 일일지도 모른다.

치와 자주 들렀던 서점이다.

개업 당시에는 2층 목조 건물이었는데 지금은 당시 건물은 사라지고 간판만 보존하고 있다. 건물이 남아 있었으면 하는 아쉬움도 있었지만, 그보다는 122년 전 간판을 내다버리지 않고 그대로 보존해 벽에 걸어놓은 주인의 정성이 더 고마웠다.

토라야세세도 서점에서 다시 학교 쪽으로 500미터쯤 골목을 걸어가면 서점이 또 하나 있다. 개축한 지 얼마 되지 않은 듯한 흰색 4층 건물 1층에 있는 이 서점도 가와바타 야스나리가 자주 들렀던 서점이다. 서점의 이름은 '호리히로아사히도堀廣旭堂'다. 1874년에 창업했다고 적혀 있으니 토라야세세도보다 20년 먼저 문을 연 곳이다. 이 서점도 창업 당시 간판을 건물 외벽에 부착해 전시하고 있다. 한자리에서 대를 이어 140년이 넘는 세월 동안 서점을 하고 있다는 사실 자체가 숭고해 보였다.

지금은 창업자의 후손들이 경영하고 있는 서점 내부에는 이곳이 바로 가와바타 야스나리가 꿈을 키운 장소라는 것을 알려주듯 그의 저서와 평전 등 관련 서적들이 많이 진열되어 있었다. 용돈이 넉넉지 않았던 가와바타 야스나리는 이곳에 들러 선 채로 책을 많이 읽었다고 한다.

이곳 마을의 골목은 일본 소도시 뒷골목이 지닌 단아한 정취를 그대로 보여준다. 현대화의 물결에서 잠시 비켜선 듯한 민가와 상점들이 사이좋게 머리를 맞대고 있다. 나지막한 집들의 짙은 색 기와지붕이 무척 다정하게 느껴졌다.

서점에서 나와 고개를 돌리면 가와바타 야스나리가 살던 시대부

토라야세세도 서점의 간판(위)과 호리히로아사히도 서점의 간판
이바라키에는 중학생 가와바타 야스나리가 드나들며 작가의 꿈을 키웠던 오래된 서점들이
있다. 지금은 두 서점 모두 개축되었지만 가와바타 야스나리 시대의 옛 간판들은 여전히 보전
되어 있다.

터 있었다는 인쇄소, 양복점, 잡화점 등도 보인다. 작고 소박하지만 한 소년이 꿈을 키우며 성장하기에 충분한 무엇인가가 그 골목에 있었다. 가와바타 야스나리는 이곳에서 책을 읽고, 우체국에 가서 편지를 보내고, 인쇄소에 들러 등사기로 문집을 만들고, 책 보따리를 등에 메고 사색에 빠진 채 이 길을 걸었을 것이다.

길을 건너 학교를 향해 걸어가다 보면 집집마다 작은 정원을 가꾸어놓은 걸 볼 수 있다. 이름 모를 꽃들이 피어 있는 봄날의 한낮, 나지막한 집들과 햇살이 매우 잘 어울렸다.

호리히로아사히도 서점에서 느린 걸음으로 5분 정도 걸어가면 드디어 가와바타 야스나리가 다닌 오사카 부립 이바라키 중고등학교(옛 6년제 이바라키 중학교)가 나온다. 학교 외양은 우리나라 변두리의 오래된 고등학교와 크게 다르지 않다. 오래된 듯 보이는 운동장에서 교사와 학생들이 재잘거리며 축구를 하고 있는 모습이 평화로워 보인다. 아쉽게도 학교 내부에는 들어가지 못했다. 학교 방침에 따라 미리 공문을 보내 허락을 받지 않은 외지인은 방문과 사진 촬영이 허락되지 않았다. 절차를 생명보다 중시하는 일본인들 특유의 꼼꼼함이 느껴졌다. 안타까운 마음에 학교 담장을 한 바퀴 돌면서 정문, 후문, 중문 등을 둘러보았다. 우리가 학창 시절 몰래 빠져나와 빵을 사 먹곤 하던 그 철문의 모습과 똑같았다. 흡사 한국에 있는 내 모교에 와 있는 것 같았다. 정문 앞 기차가 지나가는 철길 풍경도 낯설지 않았다.

다시 학교 측에 사정해 문학비는 촬영해도 된다는 허락을 받았다. 문학비는 정문에 들어서자마자 오른쪽에 고즈넉하게 서 있었다. 커다란 자연석으로 만들어진 문학비에는 가와바타 야스나리가 직접 쓴 '이문회우以文會友'라는 글씨가 새겨져 있었다. '글로써 벗을 만나다'라는 뜻으로 『논어』에 나오는 구절이다. 노벨문학상을 수상한 직후 학교 측에서 가와바타 야스나리에게 부탁해 받은 글씨를 돌에 새긴 것이라고 한다.

이바라키 고등학교를 방문했을 때 가장 강렬하게 눈길을 끈 것은 중문 근처에 있는 초라한 철제 안내판이었다. 대충 읽어보니 이 마을에 살았다는 흡혈 소년에 관한 전설이 쓰여 있었다.

옛날 이바라키 미즈오 마을의 한 농가에서 이가 다 난 채로 태어나자마자 두 다리로 걸은 남자아이가 있었다. 아이 엄마는 충격으로 죽고, 생각다 못한 아버지는 아이를 이바라키 마을 숲 근처 이발소 앞에 버렸다. 이발소 주인이 아이를 데려다 키웠는데, 아이는 손님들이 면도를 받다 생긴 상처에서 난 피를 핥는 등 이상한 행동을 보이기 시작했다. 그러던 어느 날 그 아이는 작은 개천에 있는 다리에서 자신의 모습을 물에 비춰보았다. 물속에는 아이가 아닌 괴물이 있었다. 스스로 놀란 아이는 산속으로 숨어버렸고, 그때부터 이 다리를 '얼굴 보는 다리'라고 부르기 시작했다고 한다.

그러고 보니 가와바타 야스나리의 이미지 속에는 '흡혈 소년'의 느낌도 있는 듯했다. 문득 창백한 흡혈 소년 같은 그의 얼굴이 떠올랐다.

가와바타 야스나리는 '손바닥 소설掌の小說'이라는 제목으로 원고지 열 매 안팎의 아주 짧은 소설을 쓰곤 했다. 가와바타 야스나리 연구자들에 의하면 현재 남아 있는 손바닥 소설은 170여 편이다. 이

오사카 부립 이바라키 중고등학교 정문 오른편에는 가와바타 야스나리 문학비가 서 있다.
『논어』에 등장하는 '글로써 벗을 만나다'라는 뜻의 '이문회우'가 가와바타 야스나리의 친필로
새겨져 있다.

중 68편이 한국에서 출간됐는데 그중 「어머니」라는 작품이 있다. 가장이 병에 걸린 집안 이야기인데 이런 대목이 나온다. 병에 걸린 남편이 아내를 점점 멀리하며 이렇게 말한다.

"그건 말이지, 셋이서 동반자살하고 싶지 않아서야. 나하고 당신 그리고 병균, 이렇게 세 사람 동반자살."

남편을 혼자 둘 수 없는 아내가 대답한다.

"당신이 병과 동반자살하는 걸 멍하니 지켜보긴 싫어요. 당신 아버지의 병이 어머니에게 옮았다 해도 당신의 병은 제게 옮지 않아요. 부모와 똑같은 일이 자식한테도 꼭 일어나는 건 아니잖아요."

그러자 다시 남편이 말한다.

"아이 생각을 좀 해."

— 『손바닥소설』, 65~66쪽

어찌 보면 그저 그런 이야기처럼 보일 수도 있는 이 대목에 눈이 오래 머물렀다. 바로 가와바타 야스나리 자신의 이야기였기 때문이다.

앞뒤 문장을 더 살펴보면 남편은 폐결핵으로 추정되는 가슴의 병을 앓고 있음을 알 수 있다. 결핵은 전염되는 병이다. 남편은 가족들에게 병을 옮기지 않기 위해 자신을 간호하는 아내조차 멀리하고 조용히 죽음을 받아들이려 한다. 하지만 아내는 희망을 잃지 않고 남편을 간호하려 한다. 말을 듣지 않는 아내에게 남편은 아이라도 살리자는 궁극의 말을 한다. 그리고 침묵이 흐른다.

한 집안을 몰살시킨 결핵균 속에서 그렇게 가까스로 살아난 아이가 바로 가와바타 야스나리다. 자신의 일을 어쩌면 이렇게 담담하게 털어놓을 수 있는지, 짧은 소설 속에는 냉기가 흐른다.

이렇게 살아남은 세 살배기 가와바타 야스나리는 조부모에게 맡겨져 성장하게 된다. 그가 고아가 된 세 살 때부터 이바라키 중학 3학년 무렵 할아버지가 돌아가시기 전까지 살았던 집이 이바라키에 남아 있다.

그 집이 있는 곳은 이바라키 인근 수쿠노쇼라는 한적한 마을이다. 가는 길은 교통편이 마땅치 않다. 이바라키 중심가에서 버스를 타고 가거나 택시를 타고 20분 정도 이동해야 한다. 나는 택시를 탔는데 택시 기사는 그곳에 가와바타 야스나리와 관련된 유적이 있다는 사실을 전혀 모르고 있었다. 물론 가와바타 야스나리가 그 지역에 살았다는 것 정도야 당연히 알고 있었지만, 구체적으로 그 집이 어디에 있는지는 알지 못했다. 택시 기사가 그 집을 모르는 것은 당연한 일이었다. 가와바타 야스나리가 살았던 집을 지역 주민이라고 해서 알고 있을 확률은 매우 낮다. 가와바타 야스나리가 그곳에 살았던 시기가 100년도 전이기 때문이다. 더구나 그 집을 찾아오는 사람이 몇 명이나 되겠는가.

결국 친절한 택시 기사와 나는 근처에 택시를 세워놓고 이 골목

저 골목을 헤매야 했다. 그러다 작은 비석 하나를 발견했다. 비석
에는 일본식 한자로 '가와바타 야스나리 선생 구적'이라고 쓰여 있
었다.

집은 예뻤다. 얼핏 봐도 상당히 넓었고 잘 가꾸어진 마당과 안채
가 단아하게 자리 잡고 있었다. 100년 전 모습이 얼마나 남아 있는
지는 알 수 없었지만 평온한 동네 분위기와 지방 명문가였던 가와
바타 가문의 위세를 어느 정도 짐작할 수 있었다. 가와바타 야스나
리는 이곳에서 이바라키 중학교까지 6킬로미터가 넘는 길을 매일
걸어서 통학했다고 한다.

마을 앞으로 펼쳐진 논과 밭, 작은 시내를 지나 학교를 오갔을 왜
소한 소년의 모습과 마을 풍경이 묘하게 겹쳐졌다. 집 내부에는 가
와바타 야스나리가 늘 걸터앉아 책을 읽곤 했던 커다란 바위가 남
아 있다고 하는데, 안타깝게도 직접 볼 수는 없었다. 가와바타 야스
나리의 조카뻘 되는 사람이 살고 있다는데 초인종을 눌러도 답이
없었다. 집에 아무도 없는 듯했다. 아쉽지만 까치발을 하고 담장 안
을 들여다보거나 철제문 사이로 내부를 염탐할 수밖에 없었다.

꽤 오랫동안 동네를 어슬렁거리다 결국 집으로 들어가보는 걸 포
기하고 찾아간 다음 행선지는 이바라키 시립 가와바타 야스나리 문
학관이었다. 이바라키 중학교에서 걸어서 15분 정도 거리에 있는
데, 가는 길에 두툼한 벚나무가 줄지어 서 있었다. 그 길의 공식적인
명칭도 '가와바타 거리'였다.

가와바타 야스나리 문학관은 자그마한 2층 건물이다. 이바라키
시민은 입장료가 무료이지만, 다른 지역 사람이나 외국인은 200엔

유년기를 보낸 이바라키의 집터

가와바타 야스나리가 부모를 잃고 세 살 때 오사카 미나미모리마치의 생가를 떠나 열다섯 살 때까지 살았던 조부모의 집터이다. 100년 전 모습은 사라졌지만 집터는 그대로 남아 있다.

이바라키 시립 가와바타 야스나리 문학관

2층 건물의 문학관에는 가와바타 야스나리의 학창 시절 자취가 남아 있다. 당시 살았던 집의
모형과 학창 시절 사진뿐만 아니라 육필 원고 등 다양한 자료를 보관하고 있다.

을 내야 한다. 전시장 내부는 가와바타 야스나리가 살았던 당시 집의 모형과 학창 시절 사진, 자필 원고, 초판본 책 등 400여 점의 관련 자료가 전시되어 있었다. 출세작인 「이즈의 무희」와 노벨문학상 수상작인 『설국』의 무대가 된 장소를 보여주는 3분짜리 비디오도 상영하고 있었다.

내가 그곳에 머무르는 동안 문학관을 찾는 사람은 없었다. 나는 석조 건물 내부에서만 느껴지는 특유의 스산함 속에서 빛바랜 사진과 육필 원고 사이를 오랫동안 거닐었다. 흑백사진 속 소년이 말을 걸어오는 듯했다.

이즈반도로 떠나다

가와바타 야스나리가 이즈반도를 처음 여행한 것은 그가 스무 살이었던 1918년이었다. 당시 그는 구제舊制 제일 고등학교에 다니고 있었다.

그 무렵 가와바타 야스나리의 상황을 이해하려면 당시 일본의 학제를 알아야 한다. 구제 고등학교는 우리가 아는 일반 고등학교가 아니라 명칭만 고등학교일 뿐 실제로는 대학이나 마찬가지였다. 구제도하의 고등학교를 의미하는 구제 고등학교는 당시 일본 전역에 서른아홉 곳이 있었다. 이들 학교는 각 지역에 설치된 국립대학의 교양 과정 성격을 띠고 있었다. 가와바타 야스나리가 다닌 제일 고등학교는 도쿄 제국대학의 예과였다. 제이 고등학교는 도호쿠 제국대학, 제삼 고등학교는 교토 제국대학의 예과였다. 그러니까 구제 제일 고등학교에 입학했다는 건 도쿄 제국대학 재학생이 되었다는 것과 동일한 의미이다.

가와바타 야스나리가 구제 고등학교 입학 전에 졸업한 이바라키 고등학교의 당시 명칭은 이바라키 중학교였다. 당시 중학교는 지금의 중고등학교를 합쳐놓은 6년제였다. 그러니까 당시 학제는 '초등학교·중학교(6년제)·구제 고등학교(대학 교양 과정)·대학'으로 연결되어 있었다. 이 제도는 일본이 1950년, 지금의 '6(초등)·3(중등)·3(고등)·4(대학)' 교육제도를 도입하면서 사라졌다.

일본의 교육제도를 그대로 받아들인 우리나라도 비슷한 변천 과정을 거쳤다. 일제강점기에 경성 제국대학에도 예과가 설치되어 있었고, 지금은 일본과 같은 '6·3·3·4' 학제를 쓰고 있다.

일본의 현재 학제와 과거 학제를 정확하게 이해하지 못해서인지 한국에 번역된 가와바타 야스나리의 학창 시절 기록을 보면 이바라키 고등학교(6년제 중학)와 제일 고등학교(대학 예비학교)를 혼동하거나 아예 구별하지 못하는 경우가 대부분이다. 따라서 시대 구분을 할 때 제일 고등학교 입학 시절부터를 가와바타 야스나리의 성인 시절이라고 보면 된다. 제일 고등학교에 입학하면서 그는 대학생이 되었고, 도쿄 생활을 본격적으로 시작했다.

1917년 오사카 이바라키 중학교를 졸업한 가와바타 야스나리는 도쿄로 올라와 사촌 집에 기숙하면서 제일 고등학교를 다닌다. 매우 행복한 시간이 아니었을까 싶다. 일본인들이 우러러보는 엘리트 코스인 도쿄 제국대학 입학은 이미 정해져 있었고, 학업 부담은

도쿄 제국대학 재학 시절

오사카에서 도쿄로 상경해 대학 생활을 하던 1922년 무렵 가와바타 야스나리의 모습이다. 상대적으로 학업 부담이 적었던 이 시기에 그는 처음으로 이즈반도를 여행하고 「이즈의 무희」의 초안을 쓴다.

본과와 비교해 상대적으로 적었다. 신분은 확실하지만 의무는 그에 미치지 않는 자유로운 시간이 주어졌던 것이다.

이 시간을 활용해 가와바타 야스나리는 이즈반도로 여행을 떠난다. 이 여행의 기록이 곧 「이즈의 무희」라고 보면 된다. 워낙 짧은 소설인 데다 눈에 띄는 갈등 구조를 만들지 않는 가와바타 야스나리 작법의 특성상 외형적인 줄거리는 밋밋하다.

스무 살의 주인공 '나'는 이즈반도로 여행을 떠난다. 고아 기질 때문에 뒤틀린 성격을 고치고, 태생적인 우울감으로부터 벗어나고자 떠난 여행이었다. 이 여행에서 '나'는 우연히 유랑 극단 일행을 만나 동행하게 된다.

가족 중심으로 구성된 유랑 극단에는 열네 살 무희 가오루薰가 있었다. '나'는 가오루를 지켜보면서 자신이 정화되는 듯한 느낌을 받는다. 처음에는 이 소녀가 몸을 파는 여자가 아닌지 의심을 하기도 했지만 소녀의 티 없이 맑은 성정을 느끼면서 '나'의 의심과 우울감도 사라진다.

순간순간 가오루가 보여주는 '나'에 대한 작은 관심은 '나'의 일그러진 성격을 밝게 만들어주는 묘한 힘을 지니고 있다. 가오루가 다른 사람에게 "좋은 사람이네"라고 '나'를 평하는 말을 듣는 것만으로도 치유되는 느낌을 받는다.

하지만 어른과 어린이의 경계에서 벌어지는 둘 사이의 애틋함은 오래가지 않는다. '나'가 도쿄로 돌아가야 했기 때문이다. 일행이 시모다 항구에 도착한 날 '나'는 도쿄행 배에 오른다. 소녀는 아무 말도 하지 못한 채 고개만 끄덕이면서 서 있고 '나'는 선실에 누워 눈물을 흘린다.

이런 줄거리 때문에 혹자들은 「이즈의 무희」를 '일본판 소나기'라고 부르기도 한다. 아직 연정이나 욕망이 무엇인지 잘 모르는 주인공들의 심리를 '설렘'으로 그려내는 부분은 두 작품이 흡사하다. 차이가 있다면 「소나기」에서는 주인공들이 죽어서 이별을 하고, 「이즈의 무희」에서는 살아서 이별을 한다는 것이다.

흐르는 눈물도 붉은색

「이즈의 무희」는 아주 짧은 소설이다. 한글 번역본 기준으로 단행본 40쪽 정도에 불과한 단편이다. 그럼에도 불구하고 이 짧은 소설은 가와바타 야스나리의 대표작으로 꾸준히 거론된다. 그 이유는 초기작인 이 작품이 이후 펼쳐질 가와바타 야스나리 문학 세계의 예고편 성격을 띠고 있기 때문이다.

「이즈의 무희」는 가와바타 야스나리라는 이름을 세상에 알린 작품이다. 물론 1921년에 「초혼제 일경招魂祭一景」으로 등단하기는 했지만, 그의 문명을 문단 안팎에 각인시킨 계기는 「이즈의 무희」가 주목을 받으면서부터였다.

「이즈의 무희」는 1926년 《문예시대》에 처음 발표되었고 1927년 긴세이도에서 간행된 단편집에 수록되었다. 발표된 건 1926년이었지만 가와바타 야스나리가 이 작품을 구상한 것은 그로부터 6, 7년 전쯤이었을 것으로 추측된다. 그가 1919년 교우회 잡지에 이즈반도

「이즈의 무희」에 나오는 료칸

「이즈의 무희」 주인공 '나'가 머무르던 료칸이다. 가와바타 야스나리의 분신이라고 할 수 있는 「이즈의 무희」 '나'는 고아 기질에서 비롯된 태생적인 우울감에서 벗어나고자 이즈반도로 여행을 떠난다. 그곳에서 그는 유랑 극단의 어린 무희 가오루를 만나 풋풋한 감정을 주고받으며 정화되는 경험을 하게 된다.

여행기를 실었고, 1922년에는 「유가시마의 추억湯ケ島での思ひ出」이라는 또 다른 글을 통해 '무희'의 존재를 다시 언급한다. 이런 사실로 미루어봤을 때 가와바타 야스나리는 1919년 무렵부터 이 소설을 구상하기 시작했던 것으로 보인다.

「이즈의 무희」는 깊이 들여다볼수록 그 의미를 더하는, 상징으로 가득한 소설이다. 주요 등장인물은 '나'와 유랑 가무단 소속의 다비게닌旅芸人, 즉 가무단원 다섯 명이다. 가무단원 다섯 명은 리더인 어머니와 큰딸인 치요코, 치요코의 남편인 에이키치, 작은딸인 열네 살짜리 가오루, 그리고 구성원 중 유일하게 가족 관계가 아닌 열일곱 살 유리코다.

소설은 '나'와 유랑 가무단이 아마기 고개에서 우연히 만난 후 동행하는 이야기인데, 그중 가장 핵심이 되는 부분은 여행 중 '나'와 가오루의 관계를 묘사한 부분이다. 두 주인공이 미성숙한 호감과 연정 같은 것을 느끼게 되는 과정은 소설의 중심 이미지를 구성한다.

주인공 '나'는 아마기의 찻집에서 가오루를 처음 봤을 때 그녀에게 불순한 마음을 갖는다. 그녀가 실제 나이보다 더 들어 보였기 때문이기도 했고, 최하층 천민인 다비게닌에 속한 여인을 윤락 여성처럼 대하는 당시 일본 사회의 그릇된 인식도 한몫했다.

불순한 마음은 시간이 흐르면서 묘한 연정으로 변해간다. 가무단이 공연하는 소리를 자신의 숙소에서 들으며 '나'는 가오루가 더럽혀질까 봐 전전긍긍하는 지경에까지 이른다.

그러나 얼마 후 온천욕을 하던 가오루가 자신을 발견하고 알몸으로 뛰어나와 손을 흔드는 모습을 보고는 그녀가 순수한 아이임을 깨닫는다. 가오루에 대한 생각이 성적인 욕망에서 순수한 감정으로 바뀌는 순간이다. 그 부분을 소설에서는 다음과 같이 그린다.

> 어둠침침한 욕탕에서 갑자기 알몸의 여자가 뛰어나오는가 싶더니 탈의장 끝에서 냇가로 뛰어들기라도 할 것 같은 자세로 서서 양손을 쭉 펼치고 무엇인가 외치고 있다. 수건도 걸치지 않은 알몸이다. 그 무희였다. 어린 오동나무처럼 다리가 쭉 뻗은 흰 나체를 바라보며 나는 마음에 샘물을 느껴 후우 깊은 숨을 내쉬고 나서 쿡쿡 웃었다. 어린애잖아.
>
> ─『이즈의 무희·천 마리 학·호수』, 22쪽

가오루를 자신과 비슷한 또래의 처녀로 생각하고 욕망으로 들끓던 '나'는 이 장면 이후 달라진다. 속세의 사랑이 정신적 사랑으로 옮겨갔으며, 유랑 가무단과의 동행을 순수하고 평등한 마음으로 받아들이게 된다.

흥미로운 건 '나'에 대한 열네 살짜리 가오루의 생각인데, 그녀 역시 마음이 흔들린 것으로 묘사된다. 일정한 거리를 유지하고 있지만 분명 그녀도 마음속에 설렘 같은 것이 자리 잡고 있다. 가오루가 차를 엎지르는 장면을 묘사한 부분을 보자.

> 무희가 밑에서 차를 가지고 왔다. 내 앞에 앉더니 얼굴이 새빨개지면서 손을 부들부들 떨어 찻잔이 받침접시에서 떨어지려 하자 급히 다타미 바닥에 내려놓는 바람에 차를 엎질러 버리고 말았다. 너

1933년 영화 〈이즈의 무희〉의 한 장면

「이즈의 무희」는 1933년 고쇼 헤이노스케 감독에 의해 처음으로 영화화된 이후 수차례 다른 버전으로 영상화되었다. 이 작품들은 모두 때 묻지 않은 두 주인공의 연정을 아련하게 담아 내고 있다.

무도 심하게 수줍어했으므로 나는 어리둥절했다.

—『이즈의 무희·천 마리 학·호수』, 17쪽

소설에서 주인공과 가오루가 분홍빛 '밀당'을 주고받기 시작한 순간을 가와바타 야스나리는 찻잔을 엎지르는 것으로 그려내기 시작한다. 소설이 조금 더 진행되면서 묘사는 더욱 진해진다. 나와 가오루가 바둑을 두는 장면이다.

> 초반에 그녀는 똑바로 앉아 손을 뻗어 돌을 놓고 있었지만 점점 열중해서 바둑판 위로 몸을 기울여 왔다. 부자연스러울 만큼 아름답고 검은 머리가 나의 가슴에 닿을 것처럼 되었다. 갑자기 확 하고 얼굴이 빨개지면서,
> "죄송해요, 꾸중 듣겠어요" 하며 돌을 내던진 채로 뛰어나갔다. 공동탕 앞에 어머니가 서 있었던 것이다.

—『이즈의 무희·천 마리 학·호수』, 29쪽

순수하면서도 어딘가 모를 설렘으로 다가오는 가오루를 보며 '나'는 세속의 고민과 불안에서 벗어나 세상을 아름답게 바라보는 경험을 하게 된다. 치유가 시작된 것이다. 여행을 떠나기 전에 가지고 있었던 뒤틀린 고아 의식과 우울함이 해소되기 시작한 것이다. 치유의 느낌은 가오루가 타인에게 자신을 평하는 말을 엿듣는 순간 절정에 이른다.

"정말로 좋은 사람이야. 좋은 사람이라서 좋겠어."

— 『이즈의 무희·천 마리 학·호수』, 37쪽

주인공은 자신이 가치가 있는 사람임을, 보편적인 의미로 좋은 사람임을 가오루의 말을 통해 신내림 받듯 깨닫는다. 가오루는 자신의 서툰 애정 표현으로 한 남자의 영혼을 구제해주고 있는 것이다. 다음 순간 소설은 불현듯 마을 어귀에 있는 팻말을 보여준다. 팻말에는 '거지와 유랑 가무단은 마을에 들어오지 말 것'이라고 쓰여 있다. 왜 '나'가 '좋은 사람'이라는 말을 듣고 영혼이 치유되는 순간 이 팻말이 등장했을까. 그것은 아마도 차별받는 대상들과 함께 마음을 열고 길을 걷는 '좋은 사람'으로서 주인공의 모습을 상기시키기 위한 장치로 보인다.

소설 전체에 가득한 상징들을 간과하면 이 소설은 그 빛을 잃는다. 가와바타 야스나리의 소설이 모두 그렇듯 이 작품 역시 작은 상징적 사건들을 거치며 종교적인 정화 의식을 치르듯 결론에 도달하기 때문이다.

야마구치 모모에라는 일본의 가수이자 배우가 있다. 나는 그녀를 흐릿한 인터넷 화면에서 처음 봤다. 그녀가 일본열도를 발칵 뒤집은 은퇴 선언 직후 부도칸에서 열린 1980년 마지막 공연 장면이었다. 최전성기를 누리던 스물한 살짜리 대형 가수의 은퇴 선언에 일본은 떠들썩했다. 그녀의 은퇴 공연은 눈물바다였다. 공연장 주변은 인산인해를 이뤘고, 함께 출연한 동료 가수들도 공연 내내 눈물

『**이즈의 무희**』의 표지

1927년에 긴세이도 출판사에서 출간된『이즈의 무희』표지이다.『이즈의 무희』는 짧은 소설이
지만 가와바타 야스나리의 문학 세계에서 중요한 위치를 차지한다. 가와바타 야스나리의 이름
을 세상에 알린 작품인 동시에 이후에 펼쳐질 그의 문학 세계를 대표하는 작품이기 때문이다.

을 닦았다. 그만큼 그녀의 은퇴는 당시 일본 대중문화계에 엄청난 상실감을 안겨주었다.

마지막 공연 장면을 보던 중 나를 가장 놀라게 한 건 스물한 살이라고는 도저히 믿기지 않는 그녀의 처연한 눈빛이었다. 속된 표현으로 하자면 산전수전을 다 겪은 어떤 초월자의 눈빛 같았다. 그녀는 그런 눈빛으로 〈안녕의 저편さよならの向う側〉이라는 노래를 불렀다. 노래를 끝맺으며 "제멋대로인 저를 용서하세요. 행복하겠습니다"라는 인사말을 남기고 무대를 영영 떠났다. 그녀가 은퇴를 선언한 건 당대 최고의 배우였던 미우라 도모카즈와의 결혼 생활에 충실하기 위해서였다.

열네 살 나이에 연예인 발굴 프로그램에 입상하면서 연예계에 데뷔한 그녀는 그야말로 대형 신인이었다. 우수 어린 한을 담은 허스키 목소리, 나쁜 소년 같은 중성적 매력, 화려하면서도 슬픈 외모에 사람들은 매료되었다. 일본 대중문화 유입을 제한한 한국에서는 그녀의 존재가 입에서 입으로 전해지는 정도였지만 중국이나 타이완, 홍콩에서 그녀의 인기는 대단했다. 매염방이나 장국영은 그녀의 광적인 팬이었고, 그녀의 노래를 여러 곡 번안해서 불렀다.

야마구치 모모에가 내게 더 극적으로 다가온 또 하나의 이유는 그녀가 한국계였기 때문이다. 그녀보다 먼저 일본열도를 뒤흔든 1세대 대형 가수 미소라 히바리가 그랬듯, 2세대 여왕이었던 그녀도 한국계라는 설이 유력하다. 야마구치 모모에는 찢어지게 가난한 집에서 자라났다. 그녀는 가정에 불성실한 한국계 아버지와 병든 어머니, 그리고 어린 동생들을 돌봐야 하는 소녀 가장이었다.

나는 무릎을 쳤다. 아, 그랬구나! 이제 그녀의 눈빛이 이해가 됐다. 그녀가 그렇게 빨리 모든 스포트라이트를 내던지고 완벽한 가정을 꾸리는 데 집착한 이유도 알 수 있을 것 같았다.

야마구치 모모에는 가수뿐만이 아니라 영화배우로도 크게 성공했다. 그녀의 출세작이 바로 1974년 니시카와 가츠미 감독이 연출한 〈이즈의 무희〉였다. 가와바타 야스나리의 원작 소설을 스크린에 옮긴 이 작품에서 여주인공 가오루 역을 열연한 그녀는 스크린 스타 반열에까지 오른다. 훗날 남편이 된 미우라 도모카즈와는 이 영화에서 함께 주연을 맡으며 교제를 시작했다.

영화에는 야마구치 모모에가 부르는 주제가가 흐른다. 이 노래는 야마구치 모모에의 독특한 허스키 목소리와 매우 잘 어울렸다. 하이쿠의 미학을 연상케 하는 가사도 좋았다. "배 떠나는 시모다의 항구를/다시 또 만날 날은 올까/귀여운 무희가 수줍게 흔드는 손짓/그녀가 흘리는 눈물도 붉은색"이라는 대목은 야마구치 모모에의 목소리가 아닌 다른 음색으로는 소화할 수 없을 듯한 어떤 절대미가 느껴졌다.

가와바타 야스나리의 출세작인 「이즈의 무희」는 『설국』만큼이나 하고 싶은 말이 넘쳐나는 소설이다. 야마구치 모모에 이야기는 그 시작에 불과하다.

『설국』에서는 늘 첫 문장이 화제가 됐지만, 「이즈의 무희」에서는 마지막 문장이 압권이라고 나는 생각한다.

배에 실은 생선과 바닷물 냄새가 강해졌다. 어둠 속에서 소년의 체온으로 온기를 느끼며 나는 눈물을 나오는 대로 내버려두고 있었다. 그것은 머리가 맑은 물이 돼서 주르르 흘러넘치고, 그 뒤에는 아무것도 남지 않은 것처럼 달콤한 상쾌함이었다.

—『이즈의 무희·천 마리 학·호수』, 46쪽

상처를 씻어주는 여신의 땅

이즈반도는 혼슈 남동부 시즈오카 현에 있는, 남북 길이 50킬로미터 정도 되는 반도다. 온난하고 비가 많이 내리는 데다 바다가 접해 있어 물에 관한 전설이 많은 곳이다. 한국에서 이즈반도로 가는 길은 그리 간단하지 않다. 더구나 주요 지역만 돌아보는 것이 아니라 「이즈의 무희」에 나오는 장소들을 꼼꼼히 훑어보려면 상당히 복잡한 루트를 짜야 한다.

일단 이즈반도로 가는 방법을 몇 가지 정리해본다. 도쿄를 기점으로 설명한다 해도 비용과 시간, 목적에 따라 다양한 코스가 가능하다. 루트는 반도의 시작이라고 볼 수 있는 아타미에서 시작해 남쪽으로 가면서 슈젠지, 유가시마, 아마기 터널, 시모다 항 등을 들르는 코스가 일반적이다. 반대로 반도의 끝이자 소설 마지막 배경인 시모다 항으로 먼저 간 다음 북쪽으로 거슬러 올라오는 경로도 있다.

우선 가장 저렴하게 가는 방법은 전철인 JR 도카이도선을 이용하는 방법이다. 도쿄 역을 비롯해 신바시, 시나가와 등에서 이즈반도

입구인 아타미까지 가면 된다. 아타미에서는 목적지별로 이즈 급행선 전철이나 버스를 이용해 이동하면 된다. 도쿄 시내에서 아타미까지는 두 시간 정도 걸린다. 아타미에서 시모다 항까지 전철로 한 시간 사십 분 정도 걸린다.

또 하나는 JR 특급 오도리코를 이용하는 것이다. 「이즈의 무희」 여행지를 상품화하기 위해 만든 열차로 보통 열차와는 달리 시모다 항까지 곧바로 간다. 시모다 항에서 거꾸로 올라오는 경로를 선택할 때 좋다. 이 밖에 신칸센을 이용해서 아타미까지 갈 수도 있다. 시간이 가장 절약되는 방법이다.

각 장소에 갈 때마다 전철이나 버스를 계속 갈아타는 것이 귀찮다면 렌터카를 이용하는 방법도 권하고 싶다. 이 방법은 소설에 등장하는 장소들을 밀도 있게 돌아볼 수 있어서 좋다. 운전석이 한국과 달리 오른쪽에 있어 불편할 수도 있지만, 적응되면 이즈반도를 가장 상세하게 둘러볼 수 있는 방법이다. 일본은 도로 표지판이 잘되어 있어서 길 찾기가 비교적 쉽다. 더구나 툭 튀어나온 반도여서 길을 잘못 든다 해도 결국 반도 안에 있을 테니 엉뚱한 곳으로 흘러갈 염려는 별로 없다.

꼬불꼬불한 산길로 접어들면서 마침내 아마기 고개에 다가왔구나 싶었을 무렵, 삼나무 밀림을 하얗게 물들이며 매서운 속도로 빗발이 산기슭으로부터 나를 뒤쫓아왔다.

— 『이즈의 무희·천 마리 학·호수』, 9쪽

아마기 산에 있는 가와바타 야스나리의 부조

아마기 산의 산책로에는 가와바타 야스나리의 얼굴과 함께 「이즈의 무희」의 한 구절이 부조되어 있다. 「이즈의 무희」의 주인공 '나'는 아마기 산에 있는 아마기 터널을 지나 유랑 가무단 일행과 처음으로 만난다.

소설의 첫 장면에 나오는 아마기 터널은 아마기 산에 있다. 해발 830미터인 아마기 고개를 관통하는 터널이 건설된 것이 1905년이었다. 전 공정을 거의 사람 손으로 뚫었다는, 길이 445미터의 아마기 터널은 당시로서는 일본 최장 터널이었다. 일본 최초로 중요 문화재에 지정된 터널이기도 하다. 더 아래쪽에 신新아마기 터널이 새로 뚫렸지만 여전히 옛 아마기 터널로 사람과 차량이 지나다닐 수 있다. 뚫린 지 110년이 넘은 으스스한 옛 터널을 지나면 이즈반도의 남쪽 가와즈 방향으로 가는 길이 시작된다. 소설에는 이렇게 묘사되어 있다.

> 어두운 터널로 들어서자 찬 물방울이 똑똑 떨어지고 있었다. 남南이즈 쪽 출구가 앞쪽에서 희미하게 밝아 보였다.
>
> ―『이즈의 무희·천 마리 학·호수』, 14쪽

물론 소설에 등장하는, 노파가 운영하는 찻집은 지금 없다. 하지만 나머지 풍광은 110여 년 전 가와바타 야스나리가 지나쳤을 때 모습 그대로 여행객을 맞는다.

터널을 지나 조금 내려가면 일곱 개의 폭포가 연이어 있는 '가와

아마기 터널

「이즈의 무희」의 첫 장면에 등장하는 아마기 터널은 개통된 지 무려 110년이 넘은 오래된 터널이다. 2001년에는 국가 중요문화재로 등록되었다. 아마기 고개를 관통하고 있는 아마기 터널을 지나면 정화와 속죄의 땅 이즈반도로 향할 수 있다.

「이즈의 무희」 주인공들의 동상

가와즈 나나다루(일곱 개의 폭포라는 뜻) 중 쇼케이다루 앞에 있는 「이즈의 무희」 주인공들의 동상. 함께할 수 없는 운명을 암시하듯 남자 주인공이 가오루의 뒷모습을 바라보는 모습이 애잔하다.

즈 나나다루河津七滝'가 시작된다. 이 중 네 번째 폭포인 '쇼케이初景'
앞에는 두 주인공의 동상이 서 있다. 이즈반도 곳곳에 「이즈의 무
희」관련 동상이 있지만 이곳의 동상이 가장 유명하다. 폭포를 배경
으로 가오루가 새침하게 앉아 있고, 그 모습을 남자 주인공이 잔잔
하게 바라보고 있다.

그렇다면 가와바타 야스나리는 왜 치유의 여행지로 이즈반도를
택했을까. 고아 의식과 뒤틀린 심사를 치료하기 위해서라면 다른
곳도 있었을 텐데 왜 굳이 이즈 여행길에 오른 걸까. 아마 그는 이즈
반도의 기운과 지세를 선택한 것 같다.

이즈반도는 시즈오카 현에 있다. 시즈오카静岡는 '고요한 산등성
이'라는 뜻이다. 일본에서 소비되는 녹차의 절반을 생산할 정도로
온화한 기후와 풍광이 그를 매혹시켰을 것이다. 무엇보다 가장 큰
이유는 이즈반도라는 땅이 지닌 기운 때문이었으리라. 이즈반도는
일본 고대 역사서 『고사기古事記』에 '이즈노메伊豆能売'라고 표기되어
있는데, 이즈노메는 화를 씻어주는 여신을 의미한다. 이즈노메는
일본 고서에서 신성함과 청정함으로 부정한 것을 씻어주는 여신으
로 종종 등장한다. 따라서 이즈반도는 대대로 속죄와 정화의 땅이
라는 이미지를 지니고 있다.

이제야 의문이 풀린다. 가와바타 야스나리는 정화 의식을 치르러
이즈를 찾아갔던 것이다.

이즈반도의 남북을 종단하는 가노 강 중간 지점에 있는 유가시
마湯ヶ島 온천은 오래전부터 도쿄 사람들이 많이 찾는 휴양지였다.

「이즈의 무희」 배경이 된 유모토칸

가와바타 야스나리는 이즈반도를 처음 여행한 이래 거의 매년 이 료칸에 들렀다고 한다. 「이즈의 무희」에서도 주인공들이 이 료칸에 묵는다. 가와바타 야스나리가 머물렀던 방은 2층에 있는 작은 다다미방이다. 유모토칸은 100년 전의 모습을 거의 그대로 유지하고 있다.

도쿄에서 가까우면서도 강과 산과 온천이 함께 있고, 기후까지 온화했기 때문이다.

유가시마의 숲속에 가와바타 야스나리의 「이즈의 무희」 무대였으며 그가 체류하면서 소설을 썼던 료칸 유모토칸이 있다. 지금은 정식 명칭이 '가와바타노야도 유모토칸川端の宿 湯本館'이다. 마케팅을 위해 이름을 바꾼 듯하다. 실제로 이 료칸은 가와바타 야스나리와 인연이 상당히 깊다. 그는 처음 이즈반도를 여행했던 1918년 이후 「이즈의 무희」가 세간에 널리 알려지기 전까지 거의 매년 이곳에 들렀다고 한다.

이 료칸은 에치고유자와의 다카한 료칸과는 달리 100년 전 모습을 거의 완벽하게 간직하고 있다. 다카한 료칸이 화재 때문에 재건축을 하면서 예전의 모습을 잃어버린 반면 유모토칸은 그때 건물이 그대로 있다. 주변 풍광도 달라지지 않아 소설의 분위기를 아주 생생하게 느낄 수 있다. 료칸 운영도 당시 주인의 손자가 삼대째 경영을 하고 있다. 운이 좋으면 유모토칸과 가와바타 야스나리의 인연에 얽힌 이야기를 사장에게 직접 들을 수 있다.

가와바타 야스나리의 방은 2층에 있는데 겨우 3평이나 될까 싶은 작은 다다미방이다. 현재 이 방은 손님들에게 개방하지는 않고 기념관으로만 쓰고 있다. 방으로 올라가는 계단에는 가와바타 야스나리의 사진과 그동안 제작된 다양한 「이즈의 무희」 영화 스틸 사진들이 걸려 있다.

"아아, 무희는 아직 술자리에 앉아 있어. 앉아서 북을 치고 있군."

북이 그치면 견딜 수가 없었다. 빗소리 속으로 나는 가라앉아 버렸다. (…) 덧문을 닫고 잠자리에 들었지만 가슴이 답답했다. 또 탕에 들어갔다. 탕을 거칠게 휘저었다. 비가 그친 뒤 달이 나왔다. 비에 씻긴 가을밤이 청명하게 밝아졌다. 맨발로 욕조를 빠져나왔지만 뾰족한 수도 없었다. 2시가 넘었다.

— 『이즈의 무희·천 마리 학·호수』, 20쪽

소설 속 주인공이 질투로 잠을 못 이루던 그날 밤의 모든 것도 그대로 있었다. 욕조와 덧문, 그리고 물소리까지. 료칸은 생각보다 한적했다. 주말이었는데도 방이 대부분 비어 있었다. 애써 이곳까지 온 사람들도 사진만 찍고 바삐 돌아간 듯했다. 밤이 깊어갈수록 가노 강의 물소리는 더욱 커졌다. 구불구불 바위에 부딪히는 물소리는 오래 들으면 들을수록 북소리와 닮아 있었다.

「이즈의 무희」를 따라가는 여행의 대미는 역시 시모다 항이다. 7월에 찾아간 시모다는 수국이 만발해 있었다. 에도 시대부터 도쿄를 드나드는 배들이 들렀다 가는 기항지로 이름을 날린 곳이었지만 아담하고 소박했다. 이곳 어디선가 앳된 무희와 주인공이 이별을 했다는 생각을 하니 소설 속 문장이 활동사진처럼 스쳐 지나갔다.

승선장에 가까워지자 바닷가에 웅크리고 있는 무희의 모습이 내 눈에 파고들었다. 옆에 다가갈 때까지 그녀는 가만히 있었다. 말없이 고개를 숙였다. 어젯밤 그대로인 화장이 나를 한층 감상적으로 만들었다.

—『이즈의 무희·천 마리 학·호수』, 43쪽

    스무 살의 가와바타 야스나리는 시모다 항을 떠날 때는 아마 어른이 되어 있었을 것이다. 자신을 오랫동안 괴롭혔던 고아 의식과 외로움, 인간에 대한 두려움 같은 것을 버려두고 배에 올랐을 것이다. 이즈의 정갈한 기운으로 정화된 그는 소녀가 전해준 순정한 영혼을 가슴에 안고 뱃전에서 눈물을 흘렸을 것이다.

    소설의 마지막은 주인공이 인간 속으로 들어가는 순간을 묘사한다. 스스로를 부정하고 타인을 왜곡된 눈으로 보아왔던 주인공에게 대전환이 일어나는 순간이다. 정화된 '나'는 불쌍한 노파와 아이들을 돌봐달라는 낯선 사람들의 부탁에 기꺼이 응하고, 김초밥을 나누어주는 처음 보는 소년의 호의도 순순히 받아들일 만큼 성숙한 인물이 되어 도쿄로 떠나는 것이다.

    "모든 것이 하나로 다 녹아들어 받아들여졌다"(『이즈의 무희·천 마리 학·호수』, 45쪽)라는 소설의 구절은, 시모다 항을 떠날 때 그에게 정화의 순간이 찾아왔음을 말해준다.

유학생 백석이 찾아갔던 곳

    저녁밥때 비가 들어서
    바다엔 배와 사람이 흥성하다

이즈반도

부정한 것을 씻어주는 여신의 이름에서 지명이 유래한 이즈반도는 전통적으로 속죄와 정화
의 땅이었다. 가와바타 야스나리 역시 유년기부터 그를 지배했던 고아 의식을 정화하기 위해
이즈반도를 찾았던 것으로 보인다.

참대창에 바다보다 푸른 고기가 께우며 섬돌에 곱조개가 붙는 집
의 복도에서는 배창에 고기 떨어지는 소리가 들렸다

이즉하니 물기에 누긋이 젖은 왕구새자리에서 저녁상을 받은 가슴
앓는 사람은 참치회를 먹지 못하고 눈물겨웠다

어득한 기슭의 행길에 얼굴이 해쓱한 처녀가 새벽달같이
아 아즈내인데 병인病人은 미역 냄새 나는 덧문을 닫고 버러지같이
누웠다

　　—「시기枾崎의 바다」, 『정본 백석 시집』, 60쪽

　누구의 시일까? 지금은 쓰지 않는 표기들이 눈에 띄는 걸로 보아
꽤 오래전에 쓰인 것은 분명해 보인다. 게다가 평안도 사투리도 여
기저기 보인다. 그리고 '시기'는 어디일까?
　이 시는 한국의 시인 백석이 1930년대에 쓴 시다. '시기'는 가키
사키枾崎로 이즈반도 남쪽에 있는 어촌 마을이다. 시모다 항 바로 옆
이다. 그렇다. 백석은 이즈반도를 여행하고 시를 남겼다.
　1930년 백석은《조선일보》신년현상문예에 당선하면서 등단한
다. 이를 계기로 동향 출신으로《조선일보》경영자였던 방응모의
장학금을 받아 일본 유학을 떠나게 된다. 백석은 1930년 4월부터
1934년 3월까지 도쿄 아오야마 학원 영어사범과를 다니게 된다.
　「시기의 바다」는 백석이 일본 유학 시절 이즈반도를 여행하고 돌
아와 쓴 작품이다. 현재까지 남아 있는 백석의 글 중에 이즈반도를

소재로 쓴 것은 시 두 편과 산문 한 편이다. 하지만 안타깝게도 그 기록만으로는 백석이 언제 무슨 이유로 이즈반도를 여행했는지 구체적으로는 알기가 어렵다. 그가 남긴 세 편의 글에서 그 단서를 찾을 수밖에 없다.

「시기의 바다」는 백석이 배편을 이용해 이즈반도로 향했음을 간접적으로 증명해준다. 당시에도 지금과 마찬가지로 도쿄에서 이즈반도로 가는 길은 크게 두 가지였다. 하나는 기차 편으로 가는 것이고, 다른 하나는 기선을 타고 가는 것이었다. 백석이 남긴 글에 이타미나 슈젠지 등 기차를 타야 갈 수 있는 이즈반도의 다른 지역 이름이 보이지 않는 걸로 보아 백석은 남이즈의 해안가만 둘러봤을 가능성이 높다. 더구나 당시 기선을 이용한 여행은 기차 여행보다 훨씬 낭만적이고 세련된 여행으로 여겨졌다. 신문물의 상징인 대형 기선을 타고 따뜻한 남국의 바닷가를 여행하는 것은 당시로서는 매우 인기 있는 여행 코스였다.

시모다에서 조금 떨어진 가키사키 해변은 관광지가 아니다. 시모다에 도착한 백석은 일부러 작은 포구 마을에 며칠 묵었을 것이다. 왜 그곳에 묵었을까. 그곳은 바닷가 마을 사람들의 삶이 있는 곳이었다. 시에서 드러나듯 백석은 배창에 고기 떨어지는 소리가 들릴 정도로 포구와 가까운 방에 묵는다. 죽창에 고기를 꿰어 말리는 집, 그 작은 집에서 백석은 아프고 연약한 사람들을 만난다. 백석다운 선택이다.

이즈반도를 여행하고 남긴 또 다른 시 「이두국주가도伊豆國湊街道」에도 많은 단서가 남아 있다.

백석이 머물렀던 시모다 항

4년간의 일본 유학 생활은 백석에게 적지 않은 문학적 영감을 주었던 듯하다. 그는 이즈반도의 시모다 항 인근에 머무르며 바닷가 사람들의 쓸쓸한 삶을 작품에 녹여냈다. "바다보다 푸른 고기"를 끼워 말리는 풍경을 지켜보고, "배창에 고기 떨어지는 소리"를 듣는 백석의 모습이 아련하게 그려진다.

이 시의 제목에는 일단 분명하게 '이두국', 그러니까 '이즈'라는 지명이 나온다. 이즈반도의 해안길을 마차를 타고 지나가는 모습이 그려진다. 마차 안에서 백석은 금귤을 먹는다. 금귤은 식민지 조선에서는 보기 힘든 과일로 일본의 남쪽 해안 지대에서나 볼 수 있다. 이즈반도의 금귤은 겨울이 제철이다. 따라서 백석이 이즈반도를 여행한 계절이 겨울이었음을 미루어 짐작할 수 있다.

백석은 왜 이즈반도로 여행을 갔을까. 짐작에 불과하지만 그는 가와바타 야스나리의 「이즈의 무희」를 읽었을 것이다. 1926년 발표된 「이즈의 무희」는 1920~1930년대 일본에서 선풍적으로 읽히던 인기 소설이었다. 아오야마 학원 학적부에 취미가 독서라고 적혀 있는 백석이 「이즈의 무희」를 읽지 않았을 리는 없다.

따뜻한 남녀의 유혹과 새롭게 등장한 기선 여행의 낭만, 그리고 가와바타 야스나리의 「이즈의 무희」……. 이런 것들이 유학생 백석의 발길을 이즈반도로 이끌지 않았을까 상상해본다.

청년 가와바타 야스나리의 도쿄 시대

가와바타 야스나리가 청장년기를 주로 보낸 곳은 도쿄다. 1917년 이바라키 중학교를 졸업하고 구제 제일 고등학교에 진학하면서 도쿄 생활을 시작해, 1937년 가마쿠라로 이사할 때까지 살았으니 20대와 30대 전부를 도쿄에서 보낸 셈이다.

가와바타 야스나리는 도쿄에서 대학을 다니고 등단했으며, 문예

운동을 시작했고 이름난 소설가가 되었다. 그는 도쿄 아사쿠사에 있는 사촌의 집에 처음 짐을 푼 이후 아사쿠사, 오쿠보, 분쿄 구, 다이토 구 등지를 옮겨 다니며 하숙과 기숙사 생활을 했다.

그가 세상에 이름을 알리고 문학적 성과물을 내놓은 시기인 '도쿄 시대'를 대략적으로 정리해보면 이렇다.

가와바타 야스나리는 러시아 문학을 좋아했던 왜소하고 조용한 학생이었다. 1918년 가을, 그는 아무에게도 알리지 않고 혼자서 이즈반도로 여행을 떠난다. 이때 유랑 극단과 동행한 경험은 훗날「이즈의 무희」라는 출세작의 주요 모티프가 된다.

1919년에는 교내 잡지에 「치요ちょ」라는 글을 발표하면서 교내에 이름을 알린다. 이즈반도 여행을 소재로 삼은 「치요」는 나중에 「이즈의 무희」로 확장된다. 그해 그는 분쿄 구에 있는 카페 '앨런'에서 훗날 약혼까지 했던 이토 하쓰요를 처음 만난다.

1920년에는 제일 고등학교를 졸업하고 도쿄대 영문과에 입학하면서 동료들과 동인지를 만드는 등 문학적 행보를 본격화한다. 이 무렵 아쿠타가와 류노스케와 요코미쓰 리이치 등 훗날 유명 작가가 된 이들과 교류한다. 다음 해인 1921년 그의 초기 대표작 중 하나인 「초혼제 일경」이 출간된다. 이토 하쓰요와 가슴 아픈 이별을 한 해이기도 하다.

1922년 국문과로 전과를 한 가와바타 야스나리는 이즈반도 유가시마에 다시 가서 「이즈의 무희」 초고를 쓴다. 1924년 대학을 졸업한 그는 동인지《문예시대》를 창간한다. 이때 모인 동인들이 훗날 '신감각파'라고 불리게 된다. 1926년에는 입주 도우미였던 히데코

도쿄 대학교

가와바타 야스나리가 대학 생활을 했던 도쿄 제국대학은 오늘날의 도쿄 대학교다. 가와바타 야스나리는 1920년 영문학과로 입학하지만 2년 뒤 국문학과로 전과한다. 대학 생활을 하면서 교내 잡지에 글을 발표하고 동인지를 만들며 문학 활동을 시작한 그는 곧 문단에 이름을 올리며 작가의 길을 걷기 시작한다.

《문예시대》 동인

대학을 졸업한 가와바타 야스나리는 열네 명의 동인들과 함께 동인지 《문예시대》를 만들었
다. 이때 모인 이들은 훗날 '신감각파'라고 불린다. 오른쪽에서 두 번째가 가와바타 야스나리
이다.

와 실질적인 결혼 생활을 시작한다. 히데코는 평생 그의 그늘에서 존재감을 전혀 내비치지 않고 내조를 한다.

1929년 신문에 「아사쿠사 구레나이단浅草紅団」을 연재하는 등 작품 활동을 하면서 대학 강사 생활을 한다. 1934년에는 니가타 현 에치고유자와를 처음으로 여행한다. 이때 경험이 훗날 『설국』으로 승화된다. 1937년 『설국』을 발표하고 문예간담회상을 수상한다. 같은 해에 가마쿠라 시 니카이도로 이사하면서 도쿄 생활을 마무리한다.

도쿄에서 가와바타 야스나리의 추억을 가장 많이 간직한 곳은 진보초와 아사쿠사다. 진보초는 도쿄대에서 가까운 책방 거리로, 가와바타 야스나리가 책을 사러 자주 들르곤 했던 곳이다. 이 거리 인근에는 당시 그가 자주 갔던 서점과 카페가 지금도 남아 있다.

진보초에서 간다에 이르는 서점가에는 현재까지도 170여 개 고서점이 영업 중이다. 130여 년 전 메이지 시대부터 조성되기 시작한 이 거리는 일본의 오늘을 만든 수많은 지식인과 작가들이 서구 문물을 흡입했던, 세계로 열린 창窓 같은 곳이었다. 당연히 가와바타 야스나리도 이곳 서점들을 문턱이 닳도록 드나들었다. 지금도 이곳에 가면 영문 고서점인 기타자와北澤 서점처럼 그의 모습을 생생히 기억하고 있는 서점들을 만날 수 있다. 3대, 4대를 이어 후손들이 운영하고 있는 이들 서점은, 선대로부터 물려받은 20세기 초반의 정신과 모습, 추억을 그대로 간직하고 있다.

진보초 거리에는 가와바타 야스나리가 자주 드나들었다는 '밀롱가 누에바'라는 탱고 카페가 있다. 무라카미 하루키도 가끔 들른다는 이 카페는 거의 변하지 않고 예전의 모습을 그대로 간직하고 있다. 마모된 출입문과 창틀에서조차 연륜이 느껴진다.

이곳에서 가와바타 야스나리는 일본 특유의 탄화배전炭化焙煎 커피를 마시면서 탱고 음악을 감상했을 것이다. 탄화배전이라는 로스팅 방법은 숯을 사용해 생두를 볶는 것으로 묵직하고 농후한 맛이 일품이다. 불을 조절하는 것이 쉽지 않아 숙달된 노포에서만 취급하는 커피다. 그곳에 가면 구석 자리에 앉아 탄화배전 커피 향을 음미하는 가와바타 야스나리의 모습이 어렵지 않게 상상이 된다.

곡마단 소녀의 비애를 그린 데뷔작「초혼제 일경」

아사쿠사는 가와바타 야스나리가 오사카 이바라키에서 처음 도쿄로 상경해 살았던 곳으로, 가와바타 야스나리 인생에서 상당한 의미를 내포하고 있는 지역이다. 아사쿠사는 그의 초기 작품들의 주요 무대가 된 곳이기도 하다. 소설가로서 그의 이름을 열도에 알리는 계기가 된 작품들 대부분이 아사쿠사를 배경으로 쓰였다.

아사쿠사는 도쿄에서 일본 전통의 모습을 가장 많이 간직하고 있는 곳이다. 일본 불교의 중심지인 센소지淺草寺를 축으로 사찰과 신사 등이 잘 보존되어 있다. 가와바타 야스나리는 자신의 고향인 오사카와 많이 닮았다는 이유로 아사쿠사를 각별히 좋아했다고 한다.

아사쿠사는 그의 출세작 중 하나라고 할 수 있는「초혼제 일경」의 무대이다. 그의 본격 등단작이라고 할 수 있는 작품이다. 1921년에

밀롱가 누에바 카페

일본의 고서점 거리인 진보초에는 가와바타 야스나리가 즐겨 드나들었다는 카페 '밀롱가 누에바'가 있다. '밀롱가'는 탱고 음악을 즐기기 위해 사람들이 모이는 장소를 말하는데, 최근에는 탱고 음악을 가리키는 뜻으로도 쓰인다. 때때로 가와바타 야스나리는 진보초를 거닐다가 밀롱가 누에바로 발길을 옮겨 탱고 음악을 들으며 탄화배전 커피를 마시지 않았을까.

발표된 「초혼제 일경」은 곡마단의 열일곱 살 소녀 오미쓰를 주인공으로 하여 그녀의 비애로 가득한 삶을 그린다.

　이 소설 역시 가와바타 야스나리의 개인적 체험이 바탕이 되었다. 도쿄대 재학 시절 그는 아사쿠사 공원을 거닐다 우연히 곡마단의 마상 곡예를 보고 큰 감흥을 받는다. 그로부터 한 달여가 지난 어느 날 야스쿠니靖國 신사에서 열린 초혼제 구경을 갔다가 곡마단의 소녀 곡예사를 다시 만난다. 그는 소녀 곡예사에게서 뭐라 표현할 수 없는 비애와 허무를 느낀다. 당시 최하층 천민이었던 열일곱 살 곡마단 소녀를 통해 그는 어찌할 수 없는 운명의 사슬에 묶여 살아갈 수밖에 없는 한 인간의 내면을 소설로 쓰기로 마음먹는다.

　지상의 소음들을 모두 빨아들이는 듯한 가을 하늘이었다.
　—「초혼제 일경」

　초혼제의 풍경을 묘사하는 초반 장면에서부터 소설은 운명적이다. 지상의 온갖 소음을 모두 삼킬 듯한 가을 하늘, 그 하늘이 결국 운명이라는 듯 그는 절망적인 묘사를 쏟아낸다.

　줄거리는 대략 이렇다. 주인공 오미쓰는 초혼제에서 곡마 연기

〈아사쿠사 료운가쿠도〉(작자 미상)
〈아사쿠사 료운가쿠도〉는 메이지 시대의 화려했던 아사쿠사 공원을 그린 그림이다. 그림의 중심에는 아사쿠사 공원의 전망대 료운가쿠凌雲閣가 있다. '구름보다 높다'는 뜻의 료운가쿠는 당시만 해도 일본에서 가장 높았던 12층 건물이었으며, 일본 최초로 엘리베이터가 설치된 곳이었다.

를 펼친다. 연기가 끝나도 그녀는 말에서 내리지 않는다. 어린 시절부터 곡마 연기를 배우느라 크게 휘어버린 다리를 군중에게 보이고 싶지 않아서다. 그곳에서 오미쓰는 우연히 오래전 곡마단을 떠난 오토메를 만난다. 오토메는 오미쓰에게 "말 냄새 배고 몸도 흉하게 변하는" 이 직업을 빨리 그만두라는 말을 남긴 채 휘어진 다리를 절룩이며 사라진다.

곡마단의 고참인 사쿠라코는 모든 것이 마음먹기 나름이라며, 불안해하는 오미쓰를 다독거린다. 공연이 다시 시작되지만 오미쓰는 도무지 집중이 되지 않는다. 결국 균형을 잃은 오미쓰는 사쿠라코의 말과 충돌하면서 불붙은 링과 함께 말에서 떨어진다.

단순한 구조를 가진 듯한 소설이지만 상당한 울림을 준다. 매우 상징적이다. 소음을 빨아들이는 가을 하늘 아래 불붙은 링과 함께 추락하는 오미쓰의 모습은 허무의 극을 보여주는 듯하다. 훗날 쓰인 『설국』에서 요코가 은하수와 함께 불붙은 창고에서 떨어지는 장면이 떠오르는 건 어쩌면 당연하다.

> 오미쓰의 나날들, 현실의 모습이 가엾고 피폐할수록 꿈은 아름다움을 더해간다. 하지만 이제 꿈과 현실 사이의 다리 같은 것은 믿지 않을 것이다. 그 대신 원하기만 하면 언제든지 천마를 타고 꿈같은 하늘로 날아가리라.
> ─「초혼제 일경」

오미쓰는 천마를 타고 날아갔을까. 아니면 야스쿠니의 차가운 바닥에 추락한 것으로 그 운명은 끝이 났을까. 알 수 없지만 작품을 읽는 우리의 운명도 함께 무거워지는 것은 어쩔 수 없다.

발표 당시 이 소설은 최고 반열에 올라 있던 평론가 기쿠치 간菊地寬에게 극찬을 받았다. 작은 이야기가 어떻게 우주를 품을 수 있는지, 억지로 힘을 주지 않은 소설이 어떻게 힘을 가질 수 있는지 보여주었던 것이다.

이루지 못한 사랑

2014년 일본 언론들은 일제히 가와바타 야스나리의 이루지 못한 아픈 사랑이 담긴 편지가 발견됐다는 보도를 쏟아낸다. 무슨 편지였을까. 일본 언론들이 이루지 못한 사랑이라고 지칭한 그 여인은 누구였을까?

발견된 편지는 애석하게도 부치지 못한 상태였다. 편지의 수신인은 이토 하쓰요. 가와바타 야스나리와 약혼까지 했다가 파혼한 바로 그 여인이다. 편지는 아마도 파혼 통보를 받은 직후 쓴 것으로 보인다. 편지의 내용은 애절했다. "병이 난 것은 아닐까 생각하니 밤에도 잠을 잘 수 없다. 울고 싶을 정도로 마음이 쓰인다" 등 노심초사하는 내용이 담겨 있는 걸로 보아, 당시 그는 연락을 끊고 사라진 이토 하쓰요 때문에 크게 심적 충격을 받은 것으로 보인다.

함께 발견된 이토 하쓰요가 보내온 편지에는 "왜 파혼하려 하느냐는 질문에 답을 하느니 차라리 죽는 것이 낫다"고 쓰여 있었다.

그 편지를 받고 가와바타 야스나리는 그토록 간절한 답장을 썼던 것이다. 결국 부치지도 못한 답장을…….

그가 이토 하쓰요를 처음 만난 건 스무 살 무렵인 1919년이었다. 그녀는 가와바타 야스나리가 자주 드나들던 카페의 여직원이었다. 당시 열네 살이었던 그녀는 부모를 여의고 어린 나이에 생계를 위해 일을 해야 하는 어려운 처지였다. 일찍 부모를 잃은 동병상련 때문이었을까. 두 사람은 서로 마음을 열었고 이내 가까운 사이가 된다.

그러던 중 카페가 문을 닫게 되고 이토 하쓰요는 카페 마담과 함께 기후 현으로 내려가게 된다. 떨어져 있기 힘들었던 가와바타 야스나리는 성급하게 그녀에게 청혼을 하고 그녀는 청혼을 받아들인다. 1921년의 일이다.

하지만 달콤한 기대는 오래가지 않았다. 이토 하쓰요가 파혼을 할 수밖에 없게 되었다는 편지를 보내고 잠적해버렸기 때문이다. 편지를 받고 그는 기후로 달려갔지만 그녀는 이미 종적을 감춘 뒤였다. 그녀가 왜 그렇게 할 수밖에 없었는지는 여전히 미스터리다.

이토 하쓰요와의 파혼 사건은 가와바타 야스나리에게 큰 상처로 남는다. 그는 죽기 1년 전인 일흔한 살 때 출간된 전집에서 이때 일을 회상하며 이렇게 밝혔다.

"이유도 모른 채, 허무하게 이별한 것이 마음에 커다란 동요를 일으켰다."

웬만해서는 감정 표현을 하지 않는 성격인 그가 50년 전 일에 대해 이 정도 고백을 한 것으로 보아, 파혼 사건이 그에게 얼마나 큰 상처였을지 짐작할 수 있다.

가와바타 야스나리와 이토 하쓰요

가와바타 야스나리가 끝끝내 부치지 못한 편지가 하나 있다. 그 편지의 수신인은 다름 아닌 이토 하쓰요이다. 이토 하쓰요는 가와바타 야스나리의 첫사랑으로, 여섯 살이라는 나이 차와 계급을 초월한 그들의 사랑은 안타깝게도 이루어지지 않았다. 이토 하쓰요와의 이별이 마음에 커다란 파동을 가져왔다고 말할 정도로 가와바타 야스나리에게 파혼 사건은 큰 충격으로 남는다. 가와바타 야스나리는 「이즈의 무희」 속 '나'와 가오루에 자신과 이토 하쓰요를 투영하여 위안을 얻었다.

후세의 많은 사람들은 「이즈의 무희」 주인공인 가오루가 바로 이토 하쓰요의 분신일지도 모른다고 입을 모은다. 처음 만났을 때 둘의 나이가 모두 열네 살이었다는 점도 그렇고, 무엇보다 가와바타 야스나리가 이토 하쓰요에게 처음 느꼈던 감정이 소설 속에서 가오루를 향한 감정으로 치환된 것 같다는 이야기다.

또 한 가지 공통점은 이토 하쓰요와 소설 속 가오루 둘 다 계급을 넘어선 대상이었다는 점이다. 당시 가와바타 야스나리는 일본 최고 명문인 도쿄 제국대학의 예과생이었고, 부모님이 일찍 사망하기는 했지만 오사카 지방 귀족 가문의 자손이었다. 하지만 이토 하쓰요는 평민 출신의 가난한 카페 여급에 불과했다. 신분제라는 구습의 그늘이 남아 있던 20세기 초반 일본 사회에서는 그리 흔치 않은 짝이었을 것이다.

소설 속 가오루 역시 계급을 뛰어넘은 연정의 대상이다. 유랑 극단에 속한 사람들, 즉 다비게닌은 최하층 천민 집단이었다. 다비게닌은 무사, 귀족, 승려 아래 계급인 사농공상에도 포함되지 못하는 불가촉 하층민이었다. 소설에서 도쿄대 학생인 주인공은 신분을 뛰어넘어 소녀에게 사랑을 느끼고, 그로 인해 자신이 성숙한 인간이 되고 있음을 느낀다. 이토 하쓰요의 그림자가 소설에 남아 있다고 보는 이유다.

허무의 미학과 신감각파로서의 행보

교바시에서 바바사키몬으로 가는 전찻길 선로를 나가니 큰 가로수
들의 잎은 다 지고 고쿄 숲에 가느다란 저녁달이 걸려 있었다.

—『무희』, 170쪽

도쿄 중심부 왕궁 근처 가을을 묘사하는 이 장면은 소설『무희』의
한 구절이다. 도쿄를 배경으로 한 대표적인 장편이다. 또한『무희』는
가와바타 야스나리 탐미 문학의 정수를 보여주는 작품이기도 하다.
세 무희의 인생을 바라보는 건조한 시선이 압권인 이 소설은 절대
허무에 매달린 그의 문학 세계를 가감 없이 보여준다.

가와바타 야스나리의 문학 세계는 '무용'을 빼고는 말하기 힘들
다. 그 자신이 이름난 무용 평론가이자 무용 애호가였기 때문이다.
『설국』의 주인공 시마무라가 무용 평론가로 그려지듯, 그의 소설에
서 무용이 소재로 종종 등장하는 것은 우연이 아니다. 그에게 무용
은 미학의 정수를 만나는 하나의 창窓이자 촉수이다. 그는 "무용은
보이는 음악이고, 움직이는 미술이며, 육체로 쓰는 시이자, 연극의
정화다"라고 말했을 정도로 무용 지상주의자였다.

『무희』는 가와바타 야스나리의 작품 중 가장 본격적인 무용 소설
이다. 주인공으로 등장하는 세 여인이 모두 춤 인생을 살고 있으니
말이다. 소설 전체의 배경이 무용인 셈이다.

한국 독자들에게 많이 알려지지 않았으므로 줄거리를 간단히 소
개하자면 다음과 같다.

주인공 나미코는 젊은 시절에 프리마돈나를 꿈꾸었지만 이루지 못하고 애정 없는 결혼 생활을 20년째 이어가고 있다. 그녀의 마음속에는 결혼 전부터 알고 지내던 다케하라가 있다. 하지만 소심한 성격 탓에 결단을 내리지는 못한다.

나미코의 딸인 시나코는 어머니의 꿈을 대신 이루어주기 위해 유명 발레단의 수석 무용수 자리에까지 오른다. 하지만 그녀의 꿈은 전쟁으로 인해 유학이 좌절되면서 무너지고 만다. 시나코는 소녀 시절 자신에게 무용을 가르쳐준 가야마 선생을 짝사랑하며 살아간다.

나미코의 제자이자 시나코의 친구 도모코는 가난한 가정 형편 때문에 나미코의 일을 도우며 무용을 배우지만, 재능만큼은 천재적이다. 하지만 가정이 있는 남자를 사랑하게 되면서 무용을 포기하게 되고, 결국 아사쿠사의 스트리퍼가 된다.

이 소설은 가와바타 야스나리의 다른 작품과 마찬가지로 어느 주인공도 승자로 만들지 않은 채 끝맺는다. 그들은 운명에 전투적으로 대항하지 못한 채 살아간다. 하지만 그 운명을 마음속으로 받아들인 것도 아니다. 이 저항과 순응의 경계선에 『무희』가 존재한다.

> "인간이란 저마다 슬픔을 짊어지고 사니까요. 그이도 그래요. 슬픔이 너무 크면 그 밖의 다른 일들은 알고도 이해하지 못하고, 어떻게 해야 할지 알 수 없는 일들도 생기지요."
> ─『무희』, 11~12쪽

소설에서 주목해야 할 인물은 나미코의 남편인 야기다. 문학을 전공한 그는 일본의 전통미에서 영원한 아름다움을 찾는 인물이다. 그의 정서 밑바탕에는 패전 이후의 허무감, 전쟁 공포증 등이 깔려 있다. 처음에는 나미코의 춤에서 궁극의 아름다움을 발견하고자 했으나 그것이 잘 안 되면서 불상이나 도자기 같은 고미술에 시선을 돌리게 된다. 이런 특성으로 미루어보건대, 야기는 가와바타 야스나리 자신의 분신인 듯 보인다.

1950년대 무력함에 빠진 일본 사회를 배경으로 그 속에서 굴절된 삶을 사는 세 무희를 그린 이 소설은 섬세한 묘사가 압권이다.

> "평범한 결혼이라는 게 있을까요? 거짓말을 하시는군요. 모든 결혼은 하나하나 비범한 것이라고 생각해요. (…) 그 사람이 비범하기 때문에 결혼도 비범하다는 게 아니라 평범한 사람 둘이 만나도 비범하게 되는 게 결혼이에요."
>
> —『무희』, 21쪽

가와바타 야스나리에게 소설은 하나의 이미지다. 양적 결과물이 아닌 질적 결과물이라는 이야기다. 우리는 그의 수려한 문장에서 '허무'를 만난다. 그것이 승자도 패자도, 옳고 그른 것도 없는 가와바타 야스나리의 미학이다.

가와바타 야스나리는 일본이 군국주의 행보를 걷는 동안 시대적, 사회적 상황에 대해 거의 언급도 묘사도 하지 않는다. 물론 행동으로 가담하지도 않는다. 작품도 마찬가지다. 그는 어떤 작품에서도 군국주의에 대한 입장을 드러낸 적이 없다.

사색에 잠긴 가와바타 야스나리
가와바타 야스나리 관련 자료에서는 사색에 잠긴 그의 모습이 찍힌 사진들을 심심치 않게 볼
수 있다. 웬만해서는 감정 표현을 하지 않는 가와바타 야스나리의 성격은 그의 작품에도 고스
란히 드러난다. 그의 작품에는 어떠한 시대적 배경도, 옳고 그름도, 선도 악도, 승자도 패자도
등장하지 않는다.

왜 그랬는지는 몇 가지 정황으로 추측해볼 수밖에 없다. 유럽의 허무주의, 미래파, 표현주의의 영향을 복합적으로 받아 신감각파를 형성한 가와바타 야스나리는 예술 지상주의자였다. 절대미를 찾아 헤매는 그에게 전쟁이나 이념, 국가주의는 어울리기 힘든 세계였을 것이다. 그에게 아름다움이란 특정한 목적을 위해 복무하는 것이 아니었다.

또 하나, 소년이 되기도 전 부모와 조부모를 비롯한 모든 가족 구성원의 죽음을 목격한 그에게 현실은 그 자체가 무의미했다. 삶과 죽음의 궁극을 본 그에게 현실이란 어느 순간 가차 없이 사라지는 것에 불과했을 테니.

그가 청년기를 보낸 1920~1940년대 도쿄는 전근대와 근대가 뒤엉켜 요동치고 있었다. 일본으로 밀려들어온 근대의 산물은 도쿄를 거쳐 열도로 퍼져나갔다. 도쿄에서도 가장 역동적으로 근대 문물을 실험했던 곳이 아사쿠사다. 당시 아사쿠사는 일본의 젊은 예술가들을 매혹시킨 '활동사진', 즉 영화의 중심지이기도 했다. 대형 영화관과 영화사가 아사쿠사에 밀집되어 있었고, 영화인을 꿈꾸는 젊은이들과 관객들이 아사쿠사의 밤거리를 가득 메웠다.

가와바타 야스나리 역시 영화의 세계에 깊이 빠져들었다. 그는 1926년 신감각파영화연맹의 일원으로 영화 〈어긋난 한 페이지狂った一頁〉 시나리오 공동 창작에 참여하는 등 적극적인 행보를 보인다. 더 나아가 그는 영화의 문법을 문학에 이식하는 데에도 관심을 둔다. 그는 아마도 신감각파 문학의 표현 기술이 영화 문법과 유사성이 있다고 판단한 듯하다.

영화에 경도된 가와바타 야스나리의 면모가 단적으로 드러난 소설이 「아사쿠사 구레나이단」이다. 「아사쿠사 구레나이단」은 소설가인 '나'를 주인공으로 아사쿠사의 모습을 그린다.

'나'는 아사쿠사의 뒷골목에서 아름다운 소녀 유미코를 알게 되고, 그녀로 인해 아사쿠사 구레나이단이라는 집단을 만나게 된다. 유미코는 이 불량소녀 집단의 우두머리로 남자에게 버림받은 언니의 복수를 꿈꾸기도 하고, 부랑자의 소굴로 전락하고 있는 아사쿠사를 부활시키겠다는 소망도 품고 있다. 유미코가 여러 가지 변장한 모습으로 아사쿠사를 떠돌아다니는 것이 소설의 주요 구성이다. 사실 소설에서 줄거리는 큰 의미가 없다. 주인공인 유미코가 중간에 죽고 소설 자체가 이야기적 요소보다는 아사쿠사의 모습을 생중계하듯 보여주는 데 초점을 맞추고 있기 때문이다.

「아사쿠사 구레나이단」은 《아사히신문》 연재가 채 끝나기도 전에 영화화되었다. 가와바타 야스나리의 소설 중 영화로 만들어진 작품이 서른다섯 편인데, 이 중 가장 먼저 영화로 제작된 것이 바로 이 작품이다. 「아사쿠사 구레나이단」은 당시 대중들에게 '아사쿠사 붐'을 일으키는 기폭제가 됐다. 실제로 문 닫을 위기에 처한 쇼 전용극장이 소설과 영화에 등장하면서 부활하는 일까지 벌어졌다. 소설에서 이 극장을 이슈화했기 때문이다.

「아사쿠사 구레나이단」은 철저하게 영화식 문법으로 진행된다. 소설의 구성은 '나'가 '제군諸君'들에게 아사쿠사를 안내하는 형식을 취하고 있다. 주인공은 유미코와 함께 아사쿠사 곳곳을 돌아다니기도 하고, 아사쿠사에 얽힌 추억을 회상하기도 한다.

(31) Watching a free show, on Theatre Street,—looking north to Asakusa Tower, Tokyo, Japan. Copyright 1904 by Underwood & Underwood

20세기 초의 아사쿠사

아사쿠사의 극장 거리에서 행인들이 공연을 관람하고 있다. 20세기 초의 아사쿠사는 도쿄에서 가장 역동적으로 근대 문물을 수용했던, 젊은 영화인들의 집결지였다. 아사쿠사에서 청년기를 보내며 영화의 세계에 빠져들었던 가와바타 야스나리는 영화의 문법을 소설에 적용하여 「아사쿠사 구레나이단」을 썼다.

우리는 1920년대가 무성영화의 시대였음을 상기해야 한다. 당시는 변사가 영화의 내용을 말로 들려주던 시대였다. 그래서일까.「아사쿠사 구레나이단」은 변사식 문체로 구성되어 있다. 소설을 읽다 보면 자연스럽게 카메라 렌즈를 따라가면서 변사의 대사를 듣는 듯한 느낌이 든다. 문장은 이런 식이다.

> 그런가 하면―그래, 그건 내가 그 아키키미와 6구를 휘젓고 다닐 때였는데―
> ―「아사쿠사 구레나이단」

이 같은 단문의 배열은 변사가 영화 진행을 설명해주는 것 같은 착각을 일으키게 한다.「아사쿠사 구레나이단」은 변사식 문체를 활용해 그 어떤 기록보다도 정밀하게 당시 아사쿠사의 모습을 재현해낸다. 첨탑 위에서 주인공과 유미코가 아사쿠사를 내려다보는 부분을 보자.

> 아사쿠사 강변은 공사 중, 그 강기슭에 돌 공장과 작은 배의 무리, 고토토이바시, 건너편 강변 삿포로 맥주 회사, 긴시보리 역, 오시마 가스 탱크, 오시아게 역, 스미다 공원, 초등학교, 공장 지대, 미메구리 신사, 오쿠라 별장, 아라카와 방수로, 쓰쿠바 산은 구름 낀 겨울 날씨에 싸여 있다.
> ―「아사쿠사 구레나이단」

홉사 지도를 들여다보고 있는 것 같다. 동시에 단어 하나하나가 영화의 장면 전환을 떠올리게 한다.

이뿐만이 아니다. 이 소설에는 당시 아사쿠사에서 살아가던 숱한 인간 군상의 모습도 가감 없이 담겨 있다. 상인이나 예능인에서부터 부랑자, 걸인, 범죄자들까지 그려진다. 여기에 더해 당시 식당의 메뉴, 음식 가격에서부터 극장 포스터의 세세한 내용까지 등장하고 있어, 가히 '1920년대 아사쿠사 백서'라고 할 만하다.

당시 아사쿠사는 신문물의 용광로 같은 곳이었다. 가와바타 야스나리에게도 그랬다. 신감각파였던 그는 아사쿠사라는 용광로 안에서 문학과 영화가 합성된 그 무엇을 창조하고 싶었는지도 모른다.

가와바타 야스나리가 사랑한 교토

교토는 일본의 역사와 고유의 아름다움을 품고 있는 보석 같은 도시다. 가와바타 야스나리는 교토를 사랑했다. 모든 여행자들이 추앙하는 이 도시를 그 역시 각별히 사랑했다. 노벨문학상 시상식장에서도 '일본미美'를 논했던 그에게 교토는 가장 확실한 '일본미의 증거'이기도 했다. 게다가 오사카 부 이바라키 출신인 그에게 교토는 옆 동네라고 할 수 있을 만큼 가까운 곳이었다. 오사카 중심부에서 교토는 신칸센으로는 15분, 급행 전철로는 30분이 걸린다.

1958년 당시 일본 펜클럽Pen Club 회장이었던 가와바타 야스나리는 교토에 대해 이런 헌사를 바친 적이 있다.

나는 유럽에서도 미국에서도 이렇듯 아기자기한 애정과 우아한 미를 자랑하는 산으로 둘러싸인 도시를 본 적이 없다. 로마의 일곱 언덕보다도 좋다.

그는 이 헌사를 남긴 후 교토에 바치는 소설을 쓰기 시작한다. 1961년 10월부터 1962년 1월까지 107회에 걸쳐 《아사히신문》에 연재했던 『고도古都』가 그 작품이다.

연재가 끝난 뒤 신초샤에서 단행본으로 출간된 『고도』는 교토를 배경으로 헤어져 살다 다시 만난 쌍둥이 자매의 이야기를 잔잔하게 그린다. 봄, 여름, 가을, 겨울, 이렇게 사계절이라는 틀 위에 앉힌 『고도』는 흡사 교토를 보여주기 위해 쓴 작품이라 할 만하다. 소설 곳곳에 교토의 명소와 풍물이 직접적으로 끊임없이 등장한다. 기온마쓰리, 가모마쓰리 등 지역 축제에서부터 헤이안 신궁平安神宮, 히가시야마東山, 기타야마北山, 기요미즈데라清水寺, 이세 신궁伊勢神宮, 가모가와鴨川 등 교토의 명소가 거의 다 등장한다.

『고도』는 일본에서는 영화나 드라마로 수차례 만들어지는 등 인기 있는 작품이지만 한국에서는 널리 알려지지 않았다. 줄거리를 잠시 소개하면 이렇다.

주인공 치에코는 교토에서 전통 기모노 옷감을 공급하는 뼈대 있는 포목상 가문의 외동딸이다. 겉으로 보기에는 평범한 아가씨이지만 그녀에게는 출생의 비밀이 있다. 가문의 친딸이 아닌 것이다. 그녀의 부모가 집 앞에 버려져 있는 갓난아기를 데려다 키웠다.

부모가 사랑과 정성을 다해서 키웠고, 치에코 스스로도 부모를 사랑하지만 마음 한구석에 남아 있는 출생에 대한 공허함은 어쩔 수 없다.

그러던 중 기온마쓰리에 간 치에코는 우연히 자신과 얼굴이 똑같이 생긴 여성 나에코를 만난다. 나에코는 자신의 쌍둥이 여동생이었다. 나에코는 도심에서 사는 치에코와는 달리 기타야마의 스기무라라는 산골 마을에서 혼자 살아가는 씩씩한 처녀다.

그날 이후 둘은 운명적인 동질성 때문에 더욱 가까워지고, 둘의 인연은 점점 복잡해진다. 나에코는 언니 치에코의 소개로 히데오라는 남자를 만나 청혼을 받지만, 히데오가 원래는 치에코를 마음에 두고 있었다는 사실을 알고는 그를 떠나보낸다.

나에코의 존재를 알게 된 치에코의 부모는 나에코와 함께 살기를 원하지만, 나에코는 자신이 살던 기타야마의 삼나무숲으로 표표히 돌아간다.

희극이랄 것도 비극이랄 것도 없고 박진감이나 반전과도 거리가 먼 이 건조한 소설은 한 편의 심리 드라마 같은 매력을 지니고 있다. 여기에 교토라는 배경이 더해져 그 개성을 뽐낸다. 소설 속에서 교토의 명소는 흡사 건축의 오브제처럼 활용된다. 이런 식이다.

"기요미즈 이곳에서 넓은 교토의 석양을 바라보면 내가 정말 교토에서 태어나기는 한 걸까 하는 생각이 들어요."

―『고도』

치에코가 자신의 출생에 대해 뭔가 미심쩍은 생각에 빠지는 상황과 기요미즈는 사실 직접적인 연관이 없다. 이 글에서 기요미즈가 빠져도 의미 전달에는 아무 문제가 없다. 하지만 너무나 당당하게 기요미즈는 소설의 한 부분에 들어박힌다. 이런 대목도 있다.

"따님인 치에코 씨가 주구지中宮寺나 고류지廣隆寺의 미륵 앞에 서면 따님이 그보다 훨씬 아름다울 것이에요."
—『고도』

그냥 미륵만 이야기해도 될 것을 굳이 교토에 있는 두 절의 이름을 거론하는 걸 보면 가와바타 야스나리가 얼마나 교토의, 교토에 의한, 교토를 위한 소설을 남기고자 했는지 짐작이 간다.

『고도』에 등장하는 교토의 명소들은 너무나 유명해서 더 이상 설명이 필요 없는 곳들이 대부분이다. 하지만 그중 상대적으로 관광객들에게 많이 알려져 있지 않으면서도 소설에서 가장 중요한 역할을 하는 장소가 기타야마의 삼나무숲이다. 기타야마는 긴카쿠지金閣寺가 있는 교토 북부 기타 구의 마을이다.

삼나무는 『설국』에서도 매우 중요한 상징물로 등장한다. 그러나 『설국』의 삼나무가 특정한 이미지를 만들기 위한 상징적 장치로 쓰였다면, 『고도』에 등장하는 삼나무는 소설 전체의 분위기와 주제를 암시하는 결정적인 모티프다.

『고도』에서 삼나무숲은 하나의 환상적인 공간이자 소설의 시작과 끝이다. 갓난아기 때 헤어진 쌍둥이 자매 치에코와 나에코가 태어난 곳이 바로 기타야마의 삼나무숲이다. 따라서 삼나무숲은 두

기요미즈데라清水寺

'성스러운 물淸水'이라는 뜻의 기요미즈데라는 오타와 산 절벽에 위치한 사원이다. 사원의 주
변에서 흘러내리고 있는 폭포의 물을 마시면 지혜, 사랑, 건강 중 두 가지를 얻을 수 있다고 전
해진다. 가와바타 야스나리는 교토를 대표하는 명소인 기요미즈데라를 『고도』에 오브제처럼
등장시켰다.

자매의 조상이 살았던 곳이다. 소설 속에서 치에코와 나에코가 서로 자매였다는 사실을 깨닫는 장소도 삼나무숲이다. 소설 마지막에 나에코가 같이 살자는 치에코의 제안을 뿌리치고 돌아가는 곳도 기타야마의 삼나무숲이다.

기타야마 삼나무숲은 이처럼 소설 곳곳에 중요한 암시를 던진다. 소설 초반에 보면 자신의 출생지가 어디인지 전혀 알지 못하는 치에코가 무언가에 끌린 듯 삼나무숲에 가고 싶어 하는 장면이 나온다. 치에코는 친구에게 이렇게 말한다.

> "기타야마의 삼나무가 보고 싶어. 다카오에서 가까워. 쭉쭉 뻗은 기타야마 삼나무의 멋진 모습을 바라보면 마음까지 후련해지거든. 삼나무를 보러 가지 않을래?"
> ―『고도』

그로부터 얼마 후 치에코는 자신이 쌍둥이였다는 출생의 비밀과, 자신의 생부가 기타야마에서 삼나무 가지치기를 하던 중 추락사했다는 사실을 알게 된다. 그때 치에코는 이렇게 말한다.

> "그 마을에 가보고 싶은 것도, 아름다운 삼나무숲을 보고 싶었던 것도 아버지의 영혼이 불러서 그랬던 것일지도 몰라."
> ―『고도』

기타야마의 삼나무숲은 『설국』에서 에치고유자와가 그랬듯 하나의 거대한 '환상 공간'이다. 도시와는 떨어진, 원초적이며 영적인 공간인 것이다. 소설의 절정이라고 할 만한 장면에도 삼나무숲이 반드시 등장한다. 치에코가 삼나무숲에서 나에코와 함께 있을 때 갑자기 천둥 번개가 치면서 소나기가 쏟아진다. 그 순간 산에서 자랐기 때문에 이런 상황에 익숙한 나에코가 겁에 질린 치에코를 안아준다. 그 장면을 가와바타 야스나리는 다음과 같이 묘사한다.

> 아무리 여름이라 해도 산속에 내리는 소나기는 손끝이 떨릴 정도였다. 하지만 머리부터 발끝까지 감싸 안아주고 있는 나에코의 온기가 치에코의 몸에 스며들어 그다지 춥지는 않았다. 말로 표현할수 없을 만큼 친근하고 따뜻했다. 치에코는 잠시 행복감에 잠겨 있다가 거듭해서 "나에코 씨 고마워요"라고 말했다. "어머니 배 속에서도 나에코 씨에게 이렇게 안겨 있었을까요?"
>
> ─『고도』

두 자매가 빗속에서 서로 엉켜 있는 모습은 흡사 어머니 배 속의 상황을 연상시킨다. 삼나무숲은 소설에서 두 주인공이 근원을 발견하는 장소이자 더 나아가 일본미의 근원을 의미하기도 한다. 가와바타 야스나리는 서양 문명과 도시화에 무너지는 일본의 전통미와 생명력를 다시 살려내고 싶어 했다. 소설의 핵심 배경을 도심과 떨어진 숲으로 설정한 것도 이 때문이다.

교토 중심부에서 JR 버스를 타면 기타야마에 갈 수 있다. 기타야마 그린가든 앞에서 내린 뒤, 다소 시간이 걸리지만 긴카쿠지에서

『고도』의 결정적 모티프가 된 삼나무숲

소설 『고도』에서 삼나무숲은 중요한 배경지이자 주인공들의 심리를 대변하는 모티프이다. 삼나무숲은 소설의 주인공인 치에코와 나에코가 태어난 곳이자, 치에코가 자신의 정체성을 찾는 곳이며, 어린 시절 헤어진 두 자매가 우연히 만나 결국에는 서로를 인정하며 하나가 되는 공간이다.

부터 교토의 거리와 숲을 즐기면서 걸어가는 것도 좋다. 입구를 지나 걸어 올라가면 진경이 펼쳐진다. 13세기부터 일본 귀족들이 정원수를 만들기 위해 조성한 삼나무숲은 매우 정갈하다. 하늘을 향해 꼿꼿하게 서 있는 수십만 그루의 삼나무 군락은 신비로울 정도다. 인공적으로 조림한 곳이라 삼나무들의 크기가 거의 균일해서 더욱 신령스럽다. 붉은색 줄기에 푸른 잎이 얹혀 있는 모양새가 사람 같기도 하고 기념 조형물 같기도 하다. 가슴이 뻥 뚫리는 듯한 나무 냄새에 취하면 산 아래 도시가 아득하게만 느껴진다.

『고도』는 한국에서는 별로 인기가 없다. 그럴 만도 한 것이 너무나 일본적이다. 가와바타 야스나리가 작심하고 일본미에 바치는 기획 소설을 쓴 것처럼 느껴진다. 그래도 이 소설은 실패하지는 않았다. 읽는 내내 교토에 가고 싶어지니 말이다.

작가들의 영감의 원천 '교토'

일본의 전통과 아름다움을 사랑했던 가와바타 야스나리에게 천년 도시 교토는 각별한 장소였다. 그의 소설 『고도』가 교토에 헌정한 작품이라는 사실에서 알 수 있듯, 가와바타 야스나리는 역사와 예술이 살아 숨 쉬는 교토의 고즈넉한 풍광을 사랑했다.

이런 교토를 각별하게 여겼던 작가는 가와바타 야스나리뿐만이 아니었다. 일본의 전통적인 아름다움을 그대로 간직하고 있는 도시 교토를 배경으로, 역사적으로 많은 작가들이 창작의 영감을 얻었다.

• 겐지 이야기 源氏物語

교토를 배경으로 하는 가장 오래된 소설은 헤이안 시대(11세기) 궁녀 무라사키 시키부紫式部의 『겐지 이야기』다. 『겐지 이야기』는 일왕의 아들 '히카루 겐지'를 주인공으로 하여 그가 교토의 귀족 사회를 무대로 여러 여인들과 벌이는 파란만장한 애정 행각을 그린다.

치밀한 구성과 정교한 심리묘사로 남녀의 자유분방한 연애를 그린 『겐지 이야기』는 그 분량만 무려 원고지 5,000매에 달하고 삽입된 와카만 800여 수, 등장인물이 500명이 넘어, 현존하는 최장·최고의 고전 소설로 알려져 있다. 동시에 귀족 사회의 민낯과 인간의 운명, 종교와 구원에 대한 통찰을 섬세한 문체로 묘사하고 있어 일본 미학의 기원으로 여겨지는 작품이기도 하다.

17세기의 화가 도사 미쓰오키가 그린 〈겐지 이야기〉

• 다카세부네 高瀬舟

「다카세부네」는 일본 신문학의 개척기였던 메이지 시대의 대표적 문인인 모리 오가이森鷗外의 역사 단편 소설이다. 제목 '다카세부네'는 에도 시대에 섬으로 유배당하는 죄수들을 실어 나르기 위해 교토의 다카세 강을 오르내리던 배를 뜻한다. 작품은 죄수를 호송하는 일을 하는 하급 관리 '쇼베'가 다카세부네 위에서 죄수 '기스케'의 이야기를 듣는 구조로 진행된다.

기스케는 동생을 살인한 죄로 잡혀온 죄수다. 그러나 그는 반성하거나 앞으로의 삶을 걱정하기는커녕, 유배길에 받은 돈 200냥으로 그동안의 지독했던 가난을 청산할 수 있어 기쁘다고 말한다. 그럼에도 쇼베는 눈앞의 죄수에게 묘한 연민이 생긴다. 알고 보니 기스케의 동생은 오랜 병을 앓다 짐이 되고 싶지 않다는 마음에 자살을 기도했고, 그마저도 실패에 그쳤다고 한다. 고통에 몸부림치는 동생을 두고 볼 수 없었던 기스케는 동생의 자살을 돕다 살인죄로 체포된 것이다. 쇼베는 담담하고 욕심 없는 기스케의 태도에 경외감을 느끼며 가난과 윤리, 죄와 벌에 대해 근본적인 의문을 품는다.

• 라쇼몬 羅生門

『라쇼몬』은 일본 근대 문학의 아버지이자 다이쇼 시대의 대표 문인 아쿠타가와 류노스케芥川龍之介의 대표작이다. 소설의 제목이자 배경인 '라쇼몬'은 일본 헤이안 시대의 수도였던 교토의 도성 헤이안쿄平安京의 정문을 뜻한다. 그러나 작중 라쇼몬은 수도의 정문으로서 위상을 지키기는커녕 몇 년간 교토에 반복된 재해와 대기근으로 시체를 버리는 곳으로 전락한 모습으로 등장한다.

이야기는 대기근 때문에 해고된 하인이 라쇼몬에서 비를 피하고 있는 장면으로 시작한다. 하인은 살아남으려면 도적이 되는 수밖에 없다는 걸 알지만 차마 이를 인정하지는 못하고 있다. 그러던 중 하인은 여인의 시체에서 머리카락을 뽑고 있던 한 노파와 만난다. 그 연유를 묻자 노파는 머리카락으로 가발을 만들어 팔기 위해서라고 답하며, 생전에 이 여인도 말린 뱀을 물고기라 속여 팔았다고 덧붙인다. 노파는 자신과 여인 모두 살아남기 위해 어쩔 수 없었던 것은 마찬가지라면서 본인의 행동을 정당화한다. 이야기를 들은 하인은 자신도 이렇게 하지 않으면 굶어 죽을 거라며 노파의 옷을 빼앗아 사라진다.

· 금각사 金閣寺

『금각사』는 노벨문학상 후보로
세 번이나 거론되었던 탐미 문학
의 대가 미시마 유키오의 대표작
이다. 작품의 주요 소재인 긴카
쿠지(금각사)는 유네스코 세계문
화유산으로 지정된 교토의 대표
적인 문화유산으로, 미시마 유키
오는 1950년에 이곳에서 벌어
졌던 방화 사건에서 착안해 『금
각사』를 집필했다.

풍속화가 미키 스이잔이 그린 〈긴카쿠지〉

  작품 속 주인공 '미조구치'는 선천적인 장애로 말을 더듬고 얼굴이 못생긴 인물이다. 남
들과 섞이지 못하고 고독하게 살아가던 그는 스님이었던 아버지가 들려주던 긴카쿠지
이야기에 매료된다. 그에게 긴카쿠지는 추한 자신의 대척점에 있는 절대미의 상징이자
구원의 존재로, 미조구치는 전쟁 속에서 긴카쿠지와 자신이 합일을 이룰 수 있다고 믿는
다. 그러나 전쟁의 폭격 이후에도 흠집 하나 없이 서 있는 긴카쿠지를 보며 그는 다시 복
잡한 감정에 휩싸인다. 단절된 느낌에 괴로워하던 그는 결국 긴카쿠지에 불을 지른다.

· 교토 작가, 모리미 토미히코 森見登美彦

2003년 발표한 『태양의 탑太陽の塔』으로 일본 판타지 노벨 대상을 수상하며 등단한 작가
모리미 토미히코는 『밤은 짧아 걸어 아가씨야夜は短し歩けよ乙女』『다다미 넉장반 세계일
주四畳半神話大系』 등 영화화된 많은 작품으로 우리에게 친숙한 작가이다.
  그는 현실과 가상을 교묘하게 배치하여 서술하는 '매직 리얼리즘' 기법을 사용해 자신
이 대학 시절을 보낸 교토를 배경으로 하는 소설을 꾸준히 발표하고 있다. 실제로 『펭귄
하이웨이ペンギン·ハイウェイ』를 제외한 그의 모든 작품이 교토를 무대로 하고 있어 '교토
작가'라는 별명을 얻기도 했다.

가마쿠라,
가와바타 야스나리의 마지막

작은 방 한 칸 구해 딱 한 달만 살고 싶은 곳

내가 일본에서 가장 좋아하는 곳은 가마쿠라鎌倉다.

가마쿠라에는 아름답고 예쁜 거리가 있고, 따뜻하고 맛있는 커피가 있으며, 중독성 있는 라멘집이 있다. 지나가다 문득 발걸음을 멈추면 아무 의미 없어 보이는 장소에도 풍성한 수국과 보랏빛 붓꽃이 예쁘게 피어 있다. 작고 단정한 집들이 모여 있는 이름 없는 골목 사이로 협궤 열차가 지나가는 곳. 그곳이 가마쿠라다.

가마쿠라는 인간에게 평온과 기쁨, 예술과 교양, 자연과 소소한 일상, 그리고 죽음까지 모두 누리라고 만들어진 곳 같다. 요란스럽지 않지만 모든 것의 핵심이 존재하고, 화려하지 않지만 격조가 있고, 그곳에 스며들어 살고 있는 사람들의 평화로운 일상이 공존하는 곳.

도쿄 남쪽 도심에서 불과 전철로 40분 정도 거리에 자리 잡은 가마쿠라는 작은 방 하나 구해 몇 달쯤 살고 싶은 그런 곳이다.

가마쿠라에는 역사가 있다. 한 시절 일본 막부의 수도였고, 일본 선불교의 일파인 니치렌종日蓮宗의 요람이었던 이곳에는 놀랍도록 아름답고 정갈한 사찰과 유적이 곳곳에 남아 있다. '가마쿠라 고잔五山'이라고 불리는 5대 사원인 엔가쿠지円覺寺, 겐초지建長寺, 주후쿠지壽福寺, 조치지浄智寺, 조묘지淨妙寺에서부터 하세데라長谷寺와 쓰루가오카하치만구鶴岡八幡宮 신사까지, 삼나무숲에 둘러싸인 사원을 산책하는 것은 아주 특별한 경험을 안겨준다.

가마쿠라에는 바다가 있다. 한국의 청춘들이 열광했던 영화 〈바닷마을 다이어리〉의 무대가 된 바다도, 소설과 드라마로 유명한 『츠바키 문구점』의 무대가 됐던 그 바다도 가마쿠라에 있다. 만화 『슬램덩크』에 나오는 바다와 철길 건널목도 모두 가마쿠라에 있다.

이곳 바닷가 풍경은 너무나 자연스럽고 일상적이어서 갈 때마다 내 발목을 잡았다. 파도가 밀려오는 바다에서는 서퍼들의 웃음이 들려오고, 그 옆으로 자전거를 타고 지나가는 교복 입은 학생들의 모습이 겹쳐지는 곳. 생선 비린내와 빵 냄새가 함께 있는 곳. 바로 가마쿠라의 바다다.

가마쿠라에는 문학과 예술이 있다. 송나라의 인쇄 기술이 일본에 가장 먼저 도착한 곳이어서, 가마쿠라는 아주 오랫동안 일본 교양과 문학의 산실이었다. 이미 오래전 가마쿠라는 '고잔분가쿠五山文学'라는 선불교 문학을 탄생시켰다. 가마쿠라에 있는 대형 사찰 다섯 곳을 중심으로 꽃피운 불교 문학은 후대에 많은 일본 문인들에게 영향을 미쳤다.

이 전통은 최근까지 이어졌다. 1889년 요코스카선이 개통되어

가마쿠라 역

가마쿠라는 도쿄에서 전철로 약 40분 거리에 위치해 있다. 가와바타 야스나리는 1937년 가마쿠라로 이사한 이후 여생을 대부분 이곳에서 보낸다. 후반기 주요 작품인 「천 마리 학」과 『산소리』도 이곳에서 쓰였다.

가마쿠라의 오래된 사찰 하세데라

가와바타 야스나리가 여생을 보낸 도시 가마쿠라에는 유서 깊은 사원과 신사가 많이 있다.
736년에 창건된 하세데라는 가마쿠라의 대표적인 사찰 중 하나이다. 이곳에는 가마쿠라의
해변이 내려다보이는 전망대가 있어 여행자들의 발길을 사로잡는다.

가마쿠라가 도쿄와 가까워지면서 많은 작가들이 도쿄를 떠나 하나 둘 이곳에 정착한다. 나쓰메 소세키, 다카미 준, 구메 마사오, 나카야마 기슈 등 일본 근현대 문학을 대표하는 작가들이 이곳에 집이나 작업실을 마련하면서 '가마쿠라 문고'를 냈을 정도다.

1936년에는 당시 일본을 대표하던 영화사인 마쓰타케松竹가 가마쿠라 북쪽 오후나로 촬영소를 옮기면서 영화 관계자들과 배우들도 속속 가마쿠라에 정착한다. 내 생각에 일본 문화예술계에서 가마쿠라의 위치는 단순한 도시가 아니라 하나의 유파流派다. '무기 창고'라는 의미를 지닌 곳이 어떻게 인간의 삶과 여가와 예술과 종교를 감싸 안은 도시가 됐는지 아이러니한 느낌이 든다. 그리고 무엇보다 가마쿠라에는 가와바타 야스나리가 있었다.

그는 1937년 가마쿠라 시 니카이도로 이사한 이후 가스 자살로 생을 마감한 1972년까지 대부분의 시간을 가마쿠라에서 보냈다. 가마쿠라의 거리와 바다는 그의 마지막 35년을 고스란히 지켜본 곳이다. 가와바타 야스나리의 후반기의 중요한 작품인 「천 마리 학千羽鶴」『산소리山の音』의 무대도 바로 가마쿠라다. 그의 무덤도 가마쿠라에 있다. 그렇다. 가마쿠라는 가와바타 야스나리가 완성되고 죽어간 곳이었다. 나는 그의 마지막을 보러 가마쿠라로 갔다.

가마쿠라는 역사적으로도 많은 이야기를 품은 땅이다. 1185년부터 1333년까지 가마쿠라는 가마쿠라 막부의 중심지였다. 일본의 실질적인 수도였던 셈이다. 일본 역사를 풍미한 막부 시대를 최초로 연 집단이 가마쿠라 막부다. 가마쿠라 막부는 미나모토노 요리

하세데라에서 내려다본 가마쿠라의 바다

생선 비린내와 빵 냄새가 함께 풍겨오는 가마쿠라의 바다는 일상적인 아름다움이 넘쳐나는 곳이다. 한국의 청춘들이 열광했던 영화 〈바닷마을 다이어리〉의 무대가 된 바다도, 소설과 드라마로 유명한 『츠바키 문구점』의 무대가 됐던 그 바다도 가마쿠라에 있다.

토모源頼朝가 수립한 무사 정권으로 일본 정치사에 한 획을 긋는다.

간단하게 설명하면 이렇다. 가마쿠라 시대 이전에 일본 정치의 중심지는 일왕이 있던 교토였다. 1159년 교토의 양대 파벌이 전쟁을 일으켰고, 패배한 파벌은 교토에서 밀려난다. 이때 밀려난 세력들은 여러 지역을 떠돌다 가마쿠라를 중심으로 힘을 키웠고, 급기야 1185년 교토에 있는 일왕까지 굴복시키고 명실상부한 무사 정권을 수립한다. 이것이 바로 가마쿠라 막부다. 쇼군將軍이 실질적인 통치자 역할을 하는 막부 정치는 도쿠가와 이에야스가 세운 에도 막부까지 700년 동안 이어진다.

교토에서 밀려난 세력이 다시 부활할 수 있었던 데는 가마쿠라의 지정학적 위치가 큰 역할을 했다. 가마쿠라는 삼면이 산으로 둘러싸여 있고 한 면은 바다로 열려 있다. 12세기 무렵만 해도 바다를 통하지 않고 가마쿠라에 접근하는 건 쉽지 않았다. 이 천혜의 요새에서 패자부활전을 꿈꾸었던 세력이 일본의 주인이 된 것이다. '가마쿠라鎌倉'라는 지명이 '화살 창고' '낫 창고'라는 뜻을 지니고 있는 것도 지정학적 위치와 무관하지 않은 듯하다.

가마쿠라 막부는 정권을 잡은 이후 바다와 접해 있는 이점을 살려 활발하게 해상 교역을 시작한다. 송나라 선종의 영향을 받아 불교가 융성하게 된 것도 이때다. 가마쿠라 고잔이라는 대형 사찰들이 조성되기 시작했고, 불교의 융성은 인쇄술과 문학의 발전으로 이어졌다. 일본의 건축과 조각이 비약적으로 발전한 시기도 가마쿠라 막부 시기였다. 가마쿠라 시대는 기존 일본 문화에 송나라, 원나라, 고려의 문화가 배합된 일본 중세 문화의 뿌리가 만들어진 시기였다.

가마쿠라 막부를 세운 미나모토노 요리토모

1192년 미나모토노 요리토모가 세이이 다이쇼군에 임명되면서 가마쿠라 막부가 확고하게 자리 잡게 된다. 미나모토노 요리토모는 가마쿠라 막부의 정치적 역할을 강화시키고 정치 조직으로서 막부를 확고한 위치에 올려놓았다. 가마쿠라 막부가 세력을 키우면서 가마쿠라는 정치뿐 아니라 문화적으로도 크게 발전했다.

하지만 가마쿠라 막부는 오래가지 못했다. 가마쿠라 막부가 몽골의 침입을 막느라 지친 사이 고다이고 일왕이 자신을 지지하는 세력을 모아 가마쿠라 막부를 공격했고, 패배한 막부는 결국 1333년 멸망한다. 막부가 막을 내린 이후 가마쿠라는 사찰이나 신사의 배후지역인 몬젠마치門前町로 남게 된다.

가마쿠라에 또 다른 바람이 불어닥친 것은 19세기 말부터였다. 당시 서구 문물을 급속히 받아들이기 시작한 일본 정부는 서구식 해수욕장을 조성할 최적의 장소로 가마쿠라를 지목하고 개발을 시작한다. 곧이어 도쿄와 가마쿠라를 연결하는 요코스카선이 개통되면서 가마쿠라는 역사와 휴양이 공존하는 관광지로 거듭나게 된다.

문화재 보존을 위해 전통을 해치는 막무가내 개발을 제한한 것도 신의 한 수였다. 이 때문에 마치 다른 세계에 온 듯 고즈넉한 가마쿠라의 모습이 보존될 수 있었다. 지금도 가마쿠라에 가면 고층 건물이나 대형 아파트, 휘황찬란한 네온사인 등은 찾아보기 힘들다. 도쿄의 예술가들이 남쪽으로 내려와 가마쿠라에 자리 잡은 것도 바로 이런 이유 때문이었다. 번잡한 도쿄를 떠나고 싶어 했던 예술가들에게 역사와 문화와 자연이 조화된 가마쿠라는 당대의 이상향이었다.

가와바타 야스나리는 1937년 가마쿠라에 집을 얻어 살기 시작한다. 그리고 1945년에는 동료 작가인 구메 마사오, 고바야시 히데오 등과 함께 가마쿠라에 거주하는 소설가들의 장서를 대출해주는 '가마쿠라 문고'를 연다. 가마쿠라 문고는 얼마 후 출판도 시작한다. 이 출판사에서 《인간》이라는 잡지가 창간되었고, 당시 신인 작가였던

가마쿠라 문고 신년회

1937년에 가마쿠라로 이사한 가와바타 야스나리는 동료 작가들과 함께 가마쿠라 문고를 연다. 처음에는 가마쿠라 작가들의 책을 대출해주는 일을 했던 가마쿠라 문고는 이후 확장하여 출판까지 하게 된다. 오른쪽에서 두 번째가 가와바타 야스나리이다.

가마쿠라 문학관 본관

가마쿠라 문학관은 마에다 가문의 마에다 도시나리에 의해 건립된 곳으로, 일본풍과 아르데코 양식이 혼합되어 독특한 정취를 자아낸다. 가와바타 야스나리, 나쓰메 소세키, 다자이 오사무, 아쿠타가와 류노스케 등 가마쿠라에 연고를 둔 작가들의 작품과 자료를 전시하고 있다.

미시마 유키오의 소설 「담배煙草」가 이 잡지에 소개된다.

　가와바타 야스나리는 1949년부터 가마쿠라를 배경으로 한 소설 「천 마리 학」과 『산소리』를 쓰기 시작한다. 그의 후기 대표작 대부분이 가마쿠라에서 탄생한 것이다. 노벨문학상을 수상한 다음 해인 1969년에는 가마쿠라 명예시민으로 추대된다. 그는 가마쿠라 하세長谷에 있는 저택에서 말년을 보냈고, 가마쿠라 남쪽 즈시逗子에 있는 리조트에서 자살한다. 사후 그의 유해가 묻힌 곳은 가마쿠라 묘원이다. 가마쿠라를 빼놓고 가와바타 야스나리를 말하기는 힘들다.

죽음과 허무를 담은 판타지

　1968년에 노벨문학상을 수상한 이후 가와바타 야스나리는 자신의 삶과 문학에 관해 "고독과 죽음에 대한 집착으로 삶을 살았고 글을 썼다"고 말한 적이 있다. 동시에 그는 "작품을 통해 죽음을 미화하고 인간과 자연과 허무 사이의 조화를 추구하고자 했다"며, 자신은 "평생 동안 아름다움을 얻기 위해 애썼다"고도 덧붙였다. 어떤 주장도 힘주어 말하지 않는 습관이 있는 가와바타 야스나리의 말치고는 꽤나 단정적인 발언이었다. 이는 가와바타 야스나리의 철학과 문학적 지향을 정확하게 설명하는 고백이다. 그에게 현실은 죽음이었고, 죽음은 자연과 동일한 것이었으며 허무하고 아름다운 궁극 같은 것이었다. 이런 세계만을 바라본 그에게 현세에서 통용되는 법칙이나 승패 따위는 아무런 의미가 없었다.

「천 마리 학」은 그의 문학적 지향이 가장 완벽하게 담겨 있는 작품으로, 1949년부터 1951년까지 여러 잡지에 나뉘어 실린 원고를 모은 것이다. 줄거리는 파격적이다. 주인공인 기쿠지는 다도茶道 대가였던 아버지와는 달리 평범한 회사원으로 살아간다. 그러다 어느 날 가마쿠라 엔가쿠지에서 열리는 다회의 초대장을 받는다. 다회에 참여한 기쿠지는 아버지의 연인이었던 오타 부인을 만나 육체적인 관계를 맺게 되고, 나중에는 그의 딸까지 사랑하게 된다. 오타 부인은 스스로 자책하다 스스로 목숨을 끊는다. 딸 역시 여자의 숙명을 한탄하다 어머니가 물려준 찻잔을 깨뜨리고는 길을 떠난다.

줄거리만 놓고 보면 거부감이 느껴질 수도 있는 이야기다. 하지만 소설을 읽다 보면 그 거부감은 힘을 잃는다. 가와바타 야스나리 소설의 묘한 자기장에 걸려들면 외설도 천박함도 허무한 아름다움에 자리를 빼앗기고 만다.

주인공 기쿠지가 오타 부인과 함께 있다 돌아오는 장면을 보자.

이케가미池上에 있는 절 혼몬사本門寺 숲의 석양이었다.

붉은 석양은 마치 숲의 나뭇가지 끝을 스치며 흘러가는 듯이 보였다. 숲은 저녁놀 진 하늘에 검게 떠올라 있었다.

우듬지를 흐르는 석양도 지친 눈에 스며들어 기쿠지는 눈을 감았다. 그때 기쿠지는 눈 안에 남은 저녁놀 진 하늘에서 이나무라 아가씨 보자기에 그려진 하얀 천 마리 학이 날고 있는 영상을 문득 그렸던 것이다.

— 『이즈의 무희·천 마리 학·호수』, 111쪽

가마쿠라 엔가쿠지

가마쿠라 엔가쿠지는 1282년 가마쿠라 막부의 8대 쇼군인 호조 도키무라가 세운 곳으로, 가와바타 야스나리의 작품 속 배경으로도 등장하는 곳이다. 장면 하나하나가 상징성을 띠고 있는 「천 마리 학」에서 다회가 열린 장소가 바로 가마쿠라 엔가쿠지이다. 주인공 기쿠지는 가마쿠라 엔가쿠지에서 오타 부인을 만나면서 걷잡을 수 없는 감정의 늪으로 빠져들게 된다.

『천 마리 학』의 표지

가와바타 야스나리가 1949년부터 1951년까지 발표한 원고를 모아 1952년에 치쿠마 출판사에서 출간한 『천 마리 학』의 표지이다. 일본 전통 다도를 소재로 주인공과 얽힌 불륜 관계를 그렸으며, 가와바타 야스나리는 이 작품을 통해 비속화된 다도 문화를 비판하고자 했다.

주인공은 아버지의 연인이었던 사람과 시간을 보내고 돌아오는 길에 '노을 진 하늘'과 교감을 한다. 이는 단순한 미화라기보다는 치환이다. 현세에서 벌어진 일을 부지불식간에 노을이 벌인 일로 바꿔버리는 것이다. 다른 장면들도 그렇다. 「천 마리 학」을 읽다 보면 어떤 외설적인 이야기를 대하는 것이 아니라 어느 적막한 다실에 앉아 있는 듯한 착각을 하게 된다. 왜 그럴까.

가와바타 야스나리는 '거리 두기'의 천재다. 「천 마리 학」에서는 죽음도 외설도 한낱 멀리 있는 대상이나 현상에 불과하다. 그는 이야기에 직접 뛰어들어 개입하지 않는다. 어떠한 가치 평가도 하지 않는다. 그가 그리는 모든 장면은 그저 일어나고 있는 하나의 상황일 뿐이다. 이런 고도의 장치 속에 소설을 집어넣는 것은 그만의 특출한 마술적 재능이다.

이렇게 만들어진 소설 장면은 하나하나가 매우 완벽한 상징이다. 오타 부인이 사용하던 입술 연지 자국이 남은 찻잔을 그의 딸이 기쿠지 앞에서 산산조각 내는 장면은 소설의 절정이다.

3, 4백 년 옛날 찻잔의 모습은 단정하여 병적인 망상을 불러일으키지는 않는다. 그러나 생명력이 퍼져 있고 관능적이기조차 하다. (…)

"아버지 수명이 전래된 찻잔 수명의 몇 분의 일에 지나지 않을 만큼 짧아서……."

—『이즈의 무희·천 마리 학·호수』, 189쪽

비록 돌아가시기는 했지만 아버지와의 신뢰를 깨뜨리고 모녀로 이루어진 한 가족을 깨뜨린 주인공은 산산조각 난 조각들을 주워 모아 고이 포장해서 벽장 속에 간직한다. 악당과 고수의 모습이 함께 드러나는 장면이다. 찻잔 하나로 소설의 모든 관계망을 설명하고, 삶과 죽음과 관능을 모두 말해버리는 재주는 가와바타 야스나리이기에 가능한 것일지도 모른다.

그는 훗날 "다도의 아름다움을 보여주기보다는 비속화된 다도 문화를 비판하기 위해서 이 소설을 썼다"고 말했다. 그는 늘 아름다워 보이는 것에서 추함을 찾는 악취미가 있었다. 그것이 바로 인생의 민낯이라는 걸 알려주려는 듯. 그리고 가와바타 야스나리는 결국 죽음은 죽음일 뿐이라고 일깨워준다.

죽은 사람 탓으로 얄팍하게 번민하는 건 죽은 사람을 욕보이는 것과 닮은꼴일진대 사람들은 자기 편한 식으로 행동하는 것일지도 모른다. 죽은 사람은 살아 있는 사람에게 도덕을 강요하지는 않는다.

—『이즈의 무희·천 마리 학·호수』, 120쪽

이렇게 차갑게 말하고는 또 언제 그랬느냐는 듯이 천연덕스럽게 위로의 말까지 건넨다. "지나가버리면 그리워지는 경우도 있어요"라고 읊조리는 오타 부인처럼.

가와바타 야스나리의 제자이자 문학적 도반, 미시마 유키오

가와바타 야스나리의 제자이자 절
친한 문학적 동료인 미시마 유키오
는 화려한 문체로 탐미주의적인 작
품을 다수 저술한 작가다. 두 사람
은 1946년에 가와바타 야스나리의
추천으로 미시마 유키오의 「담배」가
가마쿠라 문고에서 발행하던 잡지
《인간》에 실린 것을 계기로 연을 맺
었다.

미시마 유키오

　이후 미시마 유키오는 자신의 문단 데뷔를 이끌어준 가와바타 야스나리를 "나를 세상
에 내보내주신 은인"이라 말하며 스승처럼 따랐다. 가와바타 야스나리의 문학에 관해서
도 많은 비평을 남겼는데, 그는 자신의 스승이 작품에서 시도한 문학적 장치의 의미를 가
장 날카롭게 알아차리는 작가 중 한 사람이었다. 외국어와 서양철학에 능통한 그는 『설
국』을 베르그송의 순수지속 개념을 사용해 해설했으며, 가와바타 야스나리의 문학 세계
를 "어떤 시대 관념도 가와바타 씨를 기만하지는 못했다"는 적확한 표현으로 정리한 바
있다.

　저술 활동을 이어가던 미시마 유키오는 1949년에 발표한 작품 『가면의 고백仮面の
告白』이 세간에서 좋은 평가를 받으며 인기 작가로 자리매김한다. 그는 『금각사』 『사랑의
갈증』 같은 소설 외에도 수필, 희곡, 시나리오 등 다양한 장르의 글을 활발히 저술했으며,
자신의 작품이 영화화되었을 때에는 그 영화에 직접 출연하기도 했다.

　이후 그의 작품의 가치를 알아본 에드워드 사이덴스티커 등 번역가들의 노력으로 미시
마 유키오의 작품 대부분이 외국에 소개된다. 그의 작품은 일본적 아름다움이 녹아 있는
수려한 문체로 주목받으며 해외에서도 많은 인기를 얻는다.

　작가로서 명성을 얻은 미시마 유키오는 이후에도 문학적 도반으로서 가와바타 야스나
리와 관계를 이어간다. 1968년 가와바타 야스나리가 노벨문학상을 수상할 당시에 영문
으로 수려한 추천사를 써주었던 작가가 바로 미시마 유키오다. 비록 그 자신은 노벨문학
상을 수상하지는 못했지만 미시마 유키오 역시 노벨문학상 후보로 세 차례나 오르기도

했다. 노벨문학상 후보로 올랐을 때 그는 "내가 노벨문학상을 받는다면 나 다음으로 상을 받을 사람은 오에 겐자부로뿐이다"라는 말을 남겼는데, 실제로 1994년에 오에 겐자부로가 일본에서 두 번째로 노벨문학상을 수상하면서 그의 예언이 적중했다.

가와바타 야스나리와 미시마 유키오는 작품에서 미의 극단을 추구하려는 탐미주의 문학의 동료로서 함께했다. 그러나 가와바타 야스나리가 '설국' 같은 환상적인 배경을 설정하여 당대 상황을 작품에 거의 등장시키지 않았던 것과 달리, 미시마 유키오는 작품에 시대 배경을 적극적으로 등장시켜 전후 시대의 허무주의나 이상심리를 다룬 작품을 많이 썼다. 여기에는 제2차 세계대전 말기에 결핵을 핑계로 징집을 면제받았던 자신에 대한 속죄 의식도 있었던 것으로 보인다.

결국 1960년대에 들어 소설 『우국憂國』을 발표한 이후 미시마 유키오는 점차 극단적인 민족주의자가 되어간다. 그는 자위대의 젊은 장교들과 어울리며 공수부대 체험을 하고, 학생운동을 벌이는 학생들과 설전을 벌이는 등 본격적으로 정치적 활동에 뛰어든다. 당시 발표한 미시마 유키오의 대담집 『문화방위론文化防衛論』에서 그의 극우적인 면모를 엿볼 수 있다. 그러다 1966년에는 직접 '방패회榜の會'라는 극우 조직을 창설해 무장투쟁 훈련을 하기에 이른다.

1970년 11월, 『풍요의 바다』 4부작의 마지막 원고를 출판사에 넘긴 미시마 유키오는 방패회 회원 네 명과 함께 자위대 총감실을 점거한다. 진검으로 총감을 위협해 인질로 잡은 그는 총감실 발코니에서 자위대의 각성과 궐기를 외치는 격정적인 연설을 한다. 그러나 연설을 들은 자위대원들이 자신과 뜻을 함께할 거라는 그의 믿음과 달리, 자위대원들은 시대착오적인 미시마 유키오의 연설에 야유로 화답한다. 결국 그는 5분 만에 연설을 마치고 모두가 보는 앞에서 할복자살한다.

노벨문학상 후보로 세 번이나 올랐던 '작가들의 작가' 미시마 유키오가 벌인 엽기적인 자살 소동은 일본 사회에 큰 파장을 일으켰다. 특히 그의 절친한 문학적 동료였던 가와바타 야스나리에게도 미시마 유키오의 자살은 큰 충격이었다. 가와바타 야스나리는 미시마 유키오가 자결한 총감실 현장을 직접 방문하기까지 하며 슬픔을 금치 못했다. 이후 가와바타 야스나리는 미시마 유키오의 죽음을 시대착오적이라며 비웃는 여론에도 불구하고 그의 장례위원장을 맡았다.

삶은 하루하루 소멸을 향해 가는데
옛사랑은 여전히 그립구나

가와바타 야스나리의 가마쿠라 시대를 대표하는 또 하나의 소설은 『산소리』다. 말 그대로 '산에서 나는 소리山の音'라는 뜻이다. 이 소설은 그가 말년에 기거했던 가마쿠라 하세 저택에서 쓴 작품이다. 저택 바로 옆에는 소설에 등장하는 아마나와신메이구甘縄神明宮 신사가 있고, 신사 뒤편으로 야트막한 산이 있다.

『산소리』의 주인공은 62세의 노인 오가타 신고다.

그러자 문득 신고에게 산소리가 들렸다.

바람은 없다. 달은 보름달에 가깝게 밝지만 작은 산 위를 수놓은 나무들의 윤곽은 습한 밤기운으로 희미해진다. 그러나 바람에 움직이지는 않았다. (…)

순간 바닷소리인가도 의심했지만 역시 산소리였다.

아득한 바람 소리와 닮았지만 땅울림 같은 깊은 저력이 있었다. (…)

소리가 멎은 뒤에야 비로소 신고는 공포에 휩싸였다. 임종을 알려주는 것일지도 모른다고 생각하니 오한이 났다. (…)

악귀가 지나가다가 산을 울리고 간 듯했다.

—『산소리』, 20~21쪽

일본에서 산소리는 죽기 전에만 들을 수 있다는 이야기가 전해

내려온다. 제목에서 알 수 있듯 소설은 한 노인을 주인공으로 소멸, 즉 노화와 죽음에 대해 탐구한다. 이야기의 기본 틀에는 가와바타 야스나리의 다른 소설과 마찬가지로 욕망, 죽음, 허무, 탐미 같은 정서들이 밑바탕에 스며들어 있다.

신고는 어느 날 넥타이를 매다 깜짝 놀란다. 40년 동안 해왔는데 넥타이 매는 법을 잊어버린 것이다. 신고는 온몸의 기관들이 낡아가고 있음을 느낀다. 그리고 그에게는 죽음을 목전에 둔 노인에게만 들린다는 산소리가 들리기 시작한다.

신고는 겉으로 보기에는 평범한 삶을 살아온 사람이다. 하지만 가족사를 들여다보면 그렇지도 않다. 신고는 원래 현재 부인인 야스코가 아닌 야스코의 언니를 좋아했었다. 두 자매는 자매라고는 믿기지 않을 만큼 외모도 성격도 판이하게 달랐다. 하지만 신고는 언니가 죽고 야스코와 결혼하게 되었다. 부부이지만 사랑은 없는 사이다. 둘 사이에는 아들과 딸이 한 명씩 있다.

딸인 후사코는 어머니 야스코를 빼닮았는데, 이혼하고 두 아이를 데리고 친정에 들어가 산다. 후사코는 자신의 불행이 아버지가 사랑을 쏟아주지 않았기 때문이라고 여겨 신고를 원망한다. 아들 슈이치는 전쟁에서 돌아온 후 성격이 난폭해졌고 아내 기쿠코를 무시하고 바람을 피운다.

신고가 유일하게 마음을 여는 대상은 며느리인 기쿠코다. 기쿠코는 신고가 젊은 날 좋아했던 처형을 닮았다. 가끔씩 신고는 주책 맞게도 며느리에게 연정을 느끼기도 한다. 하지만 갈등과 불화 속에서도 가족이라는 틀이 깨지거나 하는 사건은 벌어지지 않는다. 소설은 이들 가족이 단풍 구경을 가기로 약속하는 장면에서 끝난다.

소설은 등장인물들이 뒤엉켜 만들어내는 불협화음을 그려낸다. 불협화음 속에서 가와바타 야스나리는 끊임없이 욕망과 허무를 동시에 이야기한다. 주로 신고의 생각과 독백, 그리고 신고가 꾸는 꿈을 통해 인간 내면의 욕망과 허무를 동시에 이야기하는 형태로 구성되어 있다. 그래서일까. 소설은 매우 몽환적이다. 신고가 기쿠코에 대한 연정을 마음속에서 포기하는 순간 시를 한 편 떠올리는 장면이 나온다.

늙은 사람이 사랑을 잊으려고 하면 한 차례 비가 내리는구나.

—『산소리』, 323~324쪽

중의적으로 읽히는 시다. 늙은이가 사랑을 포기하려고 하는데 비까지 내려준다는 의미일 수도 있고, 늙은이가 사랑을 포기하려고 하는데 비가 내려 마음을 적시니 미련이 남는다는 뜻도 될 수 있다. 가와바타 야스나리는 이런 식으로 시종일관 몽환의 세계를 오간다. 그러나 현실로 돌아오면 그는 어엿한 가장이다. 자식들을 챙기고 가족이 깨지지 않게 하기 위해 최선을 다한다. 하루하루 삶이 허무하고, 시시각각 죽음의 그림자를 느끼면서도 가정이라는 틀을 지키는 의무를 저버리지 않는 것이다. 그런 순간순간 화인처럼 남아 있는 사랑은 여전히 떠오른다.

의외로 신고는 옛날 사람이, 매달리고 싶을 정도로 그리웠다.

예순셋이 되어서도, 이십 대에 죽은 그 사람이 역시나 그리웠다.

—『산소리』, 243쪽

무의식과 의식을 왔다 갔다 하는 한 남자의 모습에서 독자들은 어쩌면 자기 자신을 발견할지도 모른다. 우리는 머릿속으로 무수하게 금기를 넘는다. 하지만 현실에서는 늘 반듯하다. 무너져가는 자기 자신마저 숨긴 채 우리는 주어진 역할을 산다. 그래서 인생은 비극에 가까운지도 모른다.

『산소리』에는 가와바타 야스나리가 품고 있던 죽음에 대한 의식이 자연스럽게 드러난다. 젖먹이 시절부터 끊임없이 겪었던 죽음 체험이 바탕에 있었기에, 그의 작품에는 특유의 생사관生死觀이 드러나 있다. 특히 그가 50대 이후, 즉 중년을 지나 노년으로 접어드는 시기에 창작한 작품들에서 그런 경향이 더욱 두드러진다. 그 대표적인 작품이 『산소리』다.

소설의 주인공 신고는 어느 날 집안 식구들과 저녁 식사를 하면서 은어에 대한 이야기를 한다.

"지금은 몸을 물에 맡기는 가을철 은어라든가, 죽을 것을 모르고 내려가는 여울의 은어라든가 하는 옛 구절이 있지."

—『산소리』, 415쪽

흡사 하이쿠를 연상시키는 이 문장 속에서 신고는 죽음에 대한 자신의 생각을 고백한다. 이는 곧 작가 자신의 생사관이기도 하다.

아마나와신메이구 甘繩神明宮 신사

『산소리』에는 가와바타 야스나리의 하세 저택 옆에 위치한 아마나와신메이구 신사와 그 뒤의
야트막한 산이 등장한다. 소설 속에서 주인공 신고는 이 산에서 죽음을 목전에 둔 노인에게만
들린다는 산소리를 듣게 된다.

『산소리』의 표지

1954년에 치쿠마 출판사에서 출간된 『산소리』의 표지이다. 가와바타 야스나리는 50세 되던
해에 『산소리』를 집필하기 시작하여 5년 만에 이 작품을 완성한다. 노년기에 접어들면서 가와
바타 야스나리는 죽음과 욕망에 대해 더욱 천착했던 것으로 보인다.

은어는 대표적인 모천회귀母川回歸 어종이다. 먼 바다에서 살다 산란할 때가 되면 자기가 태어난 하천으로 찾아가 산란을 하고 생을 마감한다.

가와바타 야스나리는 왜 은어 이야기를 했을까? 그건 아마도 그가 회귀와 환생의 생사관을 품고 있었기 때문이 아닐까. 은어가 그렇듯 삶은 어느 날 죽음에게 자리를 내어주고, 그 죽음은 다시 삶에게 자리를 내어주는 형식을 소설에 담아낸 것은 아닐까. 그것도 단순한 생사교대가 아닌 환생을.

『산소리』를 다시 살펴보자. 주인공 신고는 어느 날 죽음을 고지하는 소리라는 '산소리'를 듣는다. 자신이 그토록 사모했던, 일찍 죽은 처형이 들었다고 했던 그 산소리였다. 산소리를 들은 이후 신고는 다른 사람이 되기 시작한다. 그리고 바로 그즈음 자신이 연정을 품고 있었던 며느리가 인공 낙태를 했다는 이야기를 듣는다. 그 순간 신고의 뇌리를 스치는 생각이 있었다. '환생'이었다. 그는 이 세상에 나오지 못한 채 사라진 그 태아가 자신이 젊은 시절 사모했던 처형의 환생이었을지도 모른다고 생각한다. 생각이 거기에 미치자 신고는 며느리에 대한 연정에서 드디어 벗어난다. 며느리의 몸을 빌려서까지 환생하려 했던 첫사랑에 대한 책임감일 수도 있고, 모든 게 결국 왔다가 사라진다는 만사 무의미를 깨달은 것일 수도 있다.

신고는 자신이 죽으면 이 세상에 다시 나오려다 결국 실패해 저세상에 남아 있는 처형을 만날 수 있을 것이라고 생각한다. 그런 식으로 자신의 노년과 죽음을 받아들이기 시작하는 것이다. 이는 합리화일 수도 있고 자기 구제의 방법일 수도 있다.

가와바타 야스나리의 다른 소설 중에 「불사不死」라는 소설이 있다. 그가 64세 때 쓴 이 작품은 『산소리』에 드러난 그의 생사관을 더욱 구체화시킨 작품이다. 그가 『산소리』를 출간한 시기가 54세 때였으니 정확히 10년이라는 세월 동안 그의 생사관이 더욱 모양을 갖춘 것이다. 아주 짧은, 이른바 손바닥 소설인 「불사」의 줄거리는 다음과 같다.

바닷가 골프장에서 17년째 공 줍는 일을 하는 노인이 있다. 그가 이곳에서 일하는 이유는 55년 전 자신과 사랑을 나누었던 소녀가 이 바닷가에서 몸을 던져 죽었기 때문이다. 그러던 어느 날 소녀가 다시 이 세상으로 돌아와 노인을 찾아온다. 노인은 이제는 헤어질 수 없다며 함께 저세상으로 가자고 말한다. 소녀는 자신이 저세상에 있더라도 당신은 이곳에 남아 자신을 기억해달라고 말한다. 하지만 노인은 그것이 싫다. 서로 다른 세상에 떨어져 있는 것이 두려웠던 것이다. 저세상이든 이 세상이든 함께 있자고 말한다. 결국 둘은 100년 된 나무 속으로 들어간다.

한 편의 판타지 소설이다. 어쨌든 둘은 함께 나무로 환생하는 것을 택한다. 물론 소설에서 이 장면이 환생을 뜻한다고 구체적으로 밝히고 있지는 않다. 하지만 나는 그렇게 받아들이는 것이 옳다고 본다.

가와바타 야스나리는 또 소설 속에서 사물과 기억을 통한 영생을 꿈꾸었던 것 같기도 하다. 「천 마리 학」에서는 오타 부인이 사용하던 입술연지 자국이 있는 찻잔이 주요 오브제로 등장한다. 이는 한 망자의 존재가 어떤 사물을 통해 살아 있는 사람들의 삶 속에 지속적으로 남아 있다는 것을 의미한다. 즉 죽은 사람이 살아 있는 사람들의 기억 속에서 영생을 이어간다는 뜻이다.

가와바타 야스나리 자신에게 그 사물은 '소설'이었을 것이다. 그는 자신이 작품을 통해 영생과 환생을 이어갈 것이라고 생각했을지도 모른다. 그랬기에 유서도 없는 자살이라는 방식으로 너무나 쉽게 죽음의 세계로 가버린 것이 아닐까.

악마적 모습으로 해방을 꿈꾸다

일본에서 가와바타 야스나리의 문학을 논할 때 '마계魔界'라는 단어를 유독 많이 사용한다. 한국의 문학평론에서는 거의 등장하지 않는 표현이다. '마계'라는 표현은 사전적으로는 말 그대로 악마적인 세계를 뜻한다.

가와바타 야스나리는 이 악마적인 세계를 활용해 일탈을 한다. 퇴폐문학으로 보이기까지 하는 이 일탈은 가와바타 야스나리 문학에서 아주 중요한 상징성을 지닌다. 가와바타 야스나리를 마계라는 분석 틀로 설명하는 모리모토 모사무는 가와바타 야스나리가 마계를 통해 "악함과 추함에 집중되는 비정한 시선을 보여주며, 대립되고 모순되는 것들을 통해 (독자들에게) 고뇌의 세계를 부여한다"고 말한다.

사실 마성魔性이 두드러지는 몇몇 작품은 읽는 이를 불편하게 한다. 금기를 깨는 연정, 죽음에 대한 공포와 환생, 사회 이면에서 벌어지는 일탈, 성적 문란함 등이 주요 이야기 소재로 등장하기 때문이다. 가와바타 야스나리는 이런 것들을 통해 우리가 보편적인 소설 문학에 대해 품고 있던 서정적인 기대를 산산조각 낸다.

가와바타 야스나리 문학의 마성은 그의 손바닥 소설들에서 강하게 드러난다. 「정사」라는 작품이 있다. 아주 짧은 분량의 작품인데 내용은 이렇다.

한 남자가 부인이 싫어서 도망을 친다. 도망친 남편은 환청에 시달린다. 딸이 내는 소리가 멀리 떨어져 있는 남편에게까지 들리는 것이다. 점점 미쳐가는 아버지는 딸에게 편지를 보내 공놀이도 하지 말고, 미닫이문도 닫지 말고, 밥 먹을 때 소리도 내지 말 것을 요구한다. 나중에는 호흡도 하지 말고, 시계 소리도 나지 않게 하라고 강요한다. 결말에서 부인과 딸은 죽는다. 더 괴기스러운 것은 남편도 베개를 나란히 베고 죽은 채 발견된다는 점이다.

가와바타 야스나리는 이 소설에 대해 "사랑의 슬픔을 표현하고자 했다"고 밝혔다. 사랑의 슬픔을 표현하는 방식치고는 너무도 괴기스럽다. 멀리 떨어져 있는 가족이 내는 소리가 바로 옆에서 들리는 것처럼 남편에게 들린다는 설정도 그렇고, 나중에 그들이 원인 모를 죽음으로 발견된다는 설정도 그렇다. 그는 이렇게 후기작으로 갈수록 판타지적 경향을 보인다.

특히 그는 환청幻聽과 환시幻視를 자주 활용한다. 『산소리』의 주요 모티프도 환청이다. 주인공 신고가 산에서 나는 듯한 환청에 시달리면서 죽음의 공포를 대면하고, 소설은 그 지점에서 시작된다.

환시가 나오는 대표적인 손바닥 소설은 「옥상의 금붕어」다. 첩의 딸인 소녀에게 수족관 속 금붕어의 환시가 보이고, 어느 날 그의 어머니가 금붕어를 입에 문 채 죽는다는 해괴한 이야기다. 이 소설에 대해 가와바타 야스나리는 "인간의 해방을 그렸다"고 말한다. 어머니가 금붕어를 물고 죽음으로써 소녀를 옥죄었던 출생의 저주, 즉 첩의 자식이고 사생아라는 저주가 풀린다는 뜻이다.

가와바타 야스나리의 신비주의와 마성은 현실에는 아름다움도 깨달음도 없다는 그의 가치관과 맞아떨어지는 문학적 경향이다. 그에게 현실은 이미 죽은 것이었다. 젖먹이 때 부모가 죽고, 소년이 되기도 전에 누나, 할머니, 할아버지까지 죽어가는 것을 목격한 그에게 현실은 이미 죽음이었을지도 모른다. 그런 원체험을 가진 그에게는 다른 작가들은 도저히 따라잡을 수 없는 '현실 부정의 욕망'이 이글거린다. 가와바타 야스나리 소설을 보편적인 시각에서 보면 안 되는 이유다. 보편적인 시각으로 그의 내면을 만나기란 불가능하다.

그는 또 여성의 문란함을 소재로 자주 차용했다. 이를 일본에서는 '여성의 무정조無貞操'라는 말로 분석한다. 이 단어 역시 우리 정서에서는 거부감이 드는 말이다. 이 무정조성에 대해서도 가와바타 야스나리는 묘한 말을 남겼다. 자신은 무정조 자체를 쓴 것이 아니라 "하나의 상징으로서 무정조를 노래로 만든 데에 지나지 않는다"는 것이다. 이어 그는 "이를 '생명의 비애와 자유의 상징'이라고 말할 수 있을지도 모르지만 그렇게 말해버리면 재미가 없다"고 덧붙였다.

그가 평생을 살면서 세상에 내놓은 작품들을 일별해보면, 그를 움직인 가장 큰 동인은 콤플렉스였다는 것을 느끼게 된다. 귀족 콤플렉스, 죽음 콤플렉스, 고아 콤플렉스, 왜소함에 대한 콤플렉스, 남성성 콤플렉스, 패배한 일본 콤플렉스……

아이러니하게도 이런 콤플렉스들이 모여 가와바타 야스나리 문학이라는, 누구와도 닮지 않는 거대한 산을 세운 것이다. 거대한 산이기에 가와바타 야스나리 문학은 캐도 캐도 끝이 없다. 그리고 그 산은 유쾌하지 않고, 머릿속에서 사라지지 않는다. 그의 마성은 쉽게 답을 내려주지 않는다.

그는 늘 그랬듯 죽음마저도 설명하지 않았다

가와바타 야스나리는 오카모토 가노코岡本かの子의 책 추천사를 쓰다 말고 가마쿠라 하세의 집을 나선다. 부인 히데코 여사에게는 아무 말도 하지 않은 상태였다.

오후 두 시경 한 택시 기사가 복잡한 유이가하마 도로 위에 서 있는 노인을 발견한다. 30분쯤 후 택시 기사가 태우고 있던 손님을 내려주고 다시 유이가하마 거리로 돌아왔을 때까지도 노인은 그 자리에 서 있었다. 택시 기사가 그의 앞에 차를 세우고 행선지를 묻자 노인은 즈시 마리나 리조트로 가달라고 말한다. 택시에 탄 노인이 가와바타 야스나리임을 알아보고 기사는 반갑게 인사하며 이런저런 말을 걸었지만, 가와바타 야스나리는 묵묵부답으로 조용히 앉아만 있었다. 오후 세 시쯤 택시에서 내린 그는 곧바로 엘리베이터를 타

가와바타 야스나리의 자살에 관해 보도된 신문기사

《마이니치신문》은 1972년 4월 17일 자 1면에 '가와바타 야스나리의 가스 자살' 소식을 실었다. 가와바타 야스나리의 갑작스러운 사망 소식은 일본 국민들에게 큰 충격을 주었으며, 그의 사망 원인에 대한 관심이 쏟아졌다. 그는 너무도 그답게 스스로 선택한 방식으로 삶의 마지막을 맞이했고, 아무것도 남기지 않았다.

가와바타 야스나리의 마지막

경찰이 즈시 마리나 리조트에서 발견한 가와바타 야스나리의 시신을 운반하고 있다. 그는 늘 그랬듯 아무것도 설명해주지 않은 채 세상을 떠났다. 경찰은 유서 한 장 없는 그의 죽음을 '일산화가스 중독이 원인이 된 자살'이라고 결론 내린다.

고 4층에서 내려 자신이 4개월 전에 구입한 417호실로 들어간다. 이것이 사람들 눈에 띈 그의 마지막 모습이었다.

밤 아홉 시 사십오 분. 아무 연락 없이 그가 집에 돌아오지 않자 집안 가사 도우미가 즈시 마리나로 가서 이 사실을 경비원에게 알린다. 경비원은 문을 두드려도 반응이 없자 강제로 문을 열고 들어간다. 내부로 들어가자 가스 냄새가 코를 찔렀고, 가와바타 야스나리는 사망한 모습으로 발견되었다.

경찰은 그의 사망 시각이 오후 여섯 시쯤이었다고 발표한다. 주민들은 그보다 한 시간쯤 전인 다섯 시께부터 이미 가스 냄새가 났다고 증언했다. 유서는 없었고 경찰은 수사 결과 '일산화가스 중독이 원인이 된 자살'이라고 결론을 내린다.

가와바타 야스나리는 왜 이룰 것을 다 이룬 늦은 나이에 자살을 선택했을까. 살아서 해야 할 모든 것을 다했다고 생각한 것일까. 아니면 순간적인 충동이었을까. 아니면 우리가 모르는 숨겨진 사연이 있었을까. 그가 죽은 지 수십 년이 지났지만 아직도 수많은 추측만이 난무할 뿐이다.

나는 그가 오래전부터 생각해왔던 죽음의 형식을 갑작스레 실천한 것이 아닐까 하고 조심스럽게 생각한다. 그는 종종 "죽음을 미화하고 싶었다"고 털어놓았다. 그의 정신 구조에서 죽음은 병마에 시달리다 끌려가는 것이 아닌, 스스로 선택하는 것으로 정리되어 있었을지도 모른다.

그렇다면 왜 하필 그때였을까. 생각이 여기에 미치면 몇 가지 짚이는 것들이 있다. 가와바타 야스나리는 죽기 얼마 전 맹장염 수술을 받고 건강이 많이 쇠약해진 상태였다. 게다가 사촌들의 잇단 죽음과 펜클럽 행사를 진행하면서 받은 스트레스로 심신이 모두 지쳐 있었다. 그는 자신이 오랫동안 병 수발을 했던 할아버지처럼 죽고 싶지 않았다. 죽음의 형식으로 이미 자살을 생각해놓은 그는 심신이 무너진 지금이 바로 그때라고 생각하지 않았을까.

혹자는 불과 4년 전 노벨문학상을 받고 모든 명예와 찬사를 한 몸에 받고 있던 시기에 그가 자살한 것이 이해가 안 된다고 말한다. 하지만 "작가에게 명예 따위는 오히려 짐이 되고 작가를 위축시켜버리는 것"이라고 했던 그의 노벨상 수상 후 발언을 떠올리면, 명예가 그의 자살을 막아섰을 것 같지는 않다. 오히려 그는 수상 이후 창작 활동이 지지부진하여 큰 스트레스를 받았다고 한다.

또 하나 그에게 극도의 허무감을 안겨준 사건은 애제자이자 동료였던 미시마 유키오의 죽음이다. 미시마 유키오는 가와바타 야스나리가 죽기 2년 전인 1970년 자위대 청사에서 자위대의 각성과 궐기를 외치며 할복자살한다. 둘은 일본적 미학을 극단적으로 추구했다는 점에서 시작점은 비슷했다. 하지만 일본이 전쟁을 일으키면서 미시마 유키오는 극우 국가주의로 흘렀고, 가와바타 야스나리는 자기 자신 속으로 숨어버렸다. 다른 길을 걸었지만 그는 미시마 유키오의 재능을 누구보다 아꼈다. 죽음마저 조롱의 대상이 된 미시마 유키오를 보며 그는 깊은 허무에 빠졌을 것이다. 그리고 자신도 속해 있었던 한 시대의 종말을 읽었을 수도 있다.

한편 가와바타 야스나리의 자살을 인정하지 않는 사람들도 있다. 그는 그 무렵 하이미나루라는 수면제에 중독되어 있었다. 진정 효

과가 너무 강력해서 지금은 일본에서 생산 및 판매를 하지 않는 약물이다. 이 때문에 수면제 과용으로 인한 사망 가능성을 주장하는 사람들도 있다. 또 하나가 가스관 조작 실수다. 불과 4개월 전에 구입한 리조트인 데다 상주하고 있던 상태가 아니어서 가스관 조작이 미숙했을 수 있다고 말하는 사람들도 있다. 나중에 히데코 여사가 가와바타 야스나리가 가스관을 입에 물고 죽었다는 언론 보도는 사실과 다르다고 부인하면서 이 의혹은 증폭되기도 했다.

미안하고 위험한 말이지만 유서 없는 자살은 그와 잘 어울리는 죽음의 방식이다. 그는 늘 그랬듯 죽음마저도 설명해주지 않았다. 홀연히 이사 가듯 다른 세상으로 갔을 뿐이다.

가와바타 야스나리라는 문 앞에 여전히 서 있을 뿐

가와바타 야스나리의 무덤은 가마쿠라 공원묘지에 있다. 가마쿠라 시내에서 버스로 30분 안팎이면 닿는, 풍광이 아주 좋은 곳이다. 버스에서 내리면 잘 꾸며진 공원 묘원 진입로가 나오고, 그 길을 따라 들어가면 주차장과 사찰, 관리 사무소가 나온다.

내가 그의 묘소를 찾아간 것은 7월 초순이었다. 진입로에는 이름 모를 꽃과 나무들이 많이 심겨 있었다. 한국에서는 보기 힘든 형태의 꽃들이었다. 흡사 남국에 온 듯한 분위기를 풍기는 꽃들은 하나같이 화려했다. 마치 인간의 마지막 처소를 장식하듯 현란하게 피어 있었다. 관리 사무소는 고요했다. 명절과는 상관없는 더운 여름

날인 데다 평일이었으니 그럴 만도 했다. 관리 사무소 직원에게 가와바타 야스나리 무덤의 묘지 번호를 물었다. 직원의 첫말이 뜻밖이었다.

"아, 그러세요. 차를 가지고 오셨나요?"

"차가 없는데요."

"아, 그러면 힘드실 텐데."

직원은 고개를 갸우뚱하며 한쪽 벽에 붙어 있는 커다란 지도 앞으로 나를 데리고 갔다. 직원은 지휘봉 같은 걸로 복잡한 도면의 한 곳을 가리키며 "여기"라고 알려줬다. 그러면서 친절하게도 가는 길은 두 가지 코스가 있다고 덧붙였다. 첫 번째는 힘들더라도 계단을 이용해 가로질러 꼭대기로 올라가는 것이고, 두 번째는 차도를 따라 빙빙 돌아서 올라가는 것이었다.

직원이 적어준 묘지 번호를 손에 들고 나와 공원을 둘러보니 그 면적이 엄청났다. 커다란 몇 개의 산등성이가 모두 묘지였다. 시야에 잡히지 않는 산등성이가 더 많다고 하니 살면서 내가 가본 공동묘지 중 가장 큰 곳이 아니었나 싶다. 나는 급한 마음에 계단으로 올라가는 길을 택했다. 계단은 끝이 보이지 않는 꼭대기까지 이어져 있었다. 그 계단 끝까지 올라가 또 다른 산등성이 무덤군에 올라야 그의 무덤이 보인다고 했다.

계단을 오르는 일은 생각했던 것보다 힘겨웠다. 한 70~80계단을 오르면 도로를 만나 계단이 잠시 끊겼다가 다시 시작되는 식이었다. 처음 70계단을 오르자 금세 체력의 한계가 오기 시작했다. 날은 덥고 태양은 뜨거운데, 아뿔싸, 내게는 물 한 병조차 없었다. 그래도

가와바타 야스나리의 묘지

가마쿠라 공원묘지에 자리 잡은 가와바타 야스나리의 묘지. 공원묘지의 산 정상 부근까지 오르면 차가운 비석에 '가와바타가 묘소'라 쓰인 가족묘를 발견할 수 있다.

돌아갈 수는 없어 계속 올라갔다. 첫 번째 산등성이에 올라 사방을 둘러보니 엄청난 무덤군이 펼쳐져 있었다. 보통 화장을 하고 유골만 작은 묘소에 모시는 게 일본의 보편적인 장례 문화인데 이렇게 넓은 공간에 묘소들이 널찍하게 자리 잡고 있는 것이 놀라웠다. 아마도 장례 문화가 점점 간소화되기 전에 조성된 묘소들이거나 아니면 부유한 사람들의 묘소가 아닐까 추측되었다.

가와바타 야스나리의 묘소는 산 정상 부근에 있었는데, 그중에서도 꽤 큰 면적을 차지하고 있었다. 묘소 앞에는 '가와바타가 묘소川端家墓所'라고 적혀 있었고, 촛불을 켜놓는 석등, 간단한 약력이 새겨진 비석 등이 있었다. 가족묘라고 쓰여 있기는 하지만 다른 누가 묻혀 있는지 알 수는 없었다. 아주 오래전 오사카에서 사망한 가족들이 합장되어 있을 것 같지는 않았다.

정상에 오르니 그제야 바람이 조금 불었다. 나는 땀을 닦으며 한참을 무덤가에 앉아 있었다. 그의 흔적을 찾아 나섰던 과정이 영화 필름처럼 스쳐 지나갔다.

그의 길을 따라가는 건 쉽지 않았다. 번번이 비틀대야 했고, 번번이 넘어져야 했다. 그는 때로는 미로 같은 장치를 만들어 나를 괴롭혔고, 가끔은 안개를 피워 방향을 잃게 만들었다.

그는 몇 마디 말로 정리할 수 있는 작가가 아니다. 그만큼 일반적이지 않았다. 그의 기질과 성장 과정은 조화롭다기보다는 파편적이었고, 보편성을 지니고 있기보다는 기이한 특수성을 더 많이 지니고 있었다.

가루이자와의 한 별장에서 책을 펼쳐 보는 가와바타 야스나리의 모습. 그의 삶은 그저 소멸을 향해 갔고, 그의 문학은 가뭇없는 허무를 향해 갈 뿐이었다.

가와바타 야스나리는 친절하게 자신을 설명하는 법이 없었기에 그를 찾아가는 길은 잘 열리지 않는 문을 여는 것 같았다. 그리고 그 문은 끝이 없었다. 가와바타 야스나리라는 문을 열면, 또 다른 문이 기다리고 있었다. 수없이 문을 열었지만 아직도 나는 문 앞에 여전히 서 있다.

일본의 자살한 작가들

가와바타 야스나리는 자살로 생을 마감했다. 노벨문학상을 받고 4년 후, 모든 것을 다 이룬 나이에 그는 인생이라는 일기를 덮었다. 왜 그랬을까. 그의 자살은 지금까지도 수수께끼로 남아 있다. 나는 이런 의문을 많이 품었다. 그의 자살에 일본인 특유의 기질이 작용한 측면은 없을까? 가와바타 야스나리 외에도 자살한 일본의 작가들이 많은데, 그들 자살의 공통점은 무엇일까?

한국도 자살률이 높은 나라이지만, 자살의 이유는 일본과 우리나라가 좀 다른 면이 있는 것 같다. 생각해보면 일본인들 가운데에는 숙명론자들이 많다. 일본에서 연구원으로 지내던 시절에 종종 느낀 점이다. 그들은 자신의 운명을 저항하지 않고 순순히 받아들인다. 그리고 자신의 운이 마지막에 이르렀다고 느끼는 순간 쉽게 목숨을 버리기도 한다.

일본에 머물던 시절 아르바이트로 내게 일본어를 가르쳐주던 여성이 있었다. 나와 나이가 비슷했는데, 미국 유명 대학에서 박사 학위까지 받은 엘리트였다. 하지만 그녀는 운이 따르지 않았다. 미국 유학 시절 만난 남자와 결혼을 했는데 신혼일 때 남편이 심한 병을 앓았고, 남편 병 수발을 하다 집안이 기울어졌다고 한다. 남편의 병과 싸우느라 재산도 날리고 이런저런 사회적 기회도 놓쳐버린 채 계약직과 아르바이트를 전전하는 처지였다.

어느 날 그녀에게 물었다.

"이렇게 사는 게 화나지 않으세요?"

그녀가 놀란 표정으로 말했다.

"아뇨. 이게 다 인생인걸요. 저는 여기까지였던 거죠."

일본인들은 주어진 운명과 싸우지 않는다. 그들은 운명이 시키면 죽음도 불사할지 모른다. 일본인들은 자살을 패배라고 생각하지 않는다. 심지어 자신의 명예를 찾고 잘못된 것을 바로잡는 기회라고 생각하는 경향마저 있다. 루스 베네딕트는 저서 『국화와 칼』에서 일본인의 자살에 대한 관념을 이렇게 설명한다.

그들의 신조에 따르면, 자살은 적절한 방법으로 행한다면 자신의 오명을 씻고 죽은 후 평판을 회복하는 역할을 한다. (…) 일본인에게는 명확한 목적을 지니고 행하는 훌륭한 행위가 된다.

자살이 이름에 대한 '기리'에서 당연히 선택할 수밖에 없는 가장 훌륭한 행동방식이 되는 경우도 있다.
—『국화와 칼』 225쪽

아쿠타가와 류노스케는 일본 유명 작가 중 가장 먼저 떠오르는 인물이다. 그는 일본 근대 문학의 아버지이다. 예술파를 대표하는 작가였던 아쿠타가와 류노스케는 심한 신경쇠약으로 수면제를 먹고 자살했는데, 그는 인생을 스스로 마감하면서 사후 명예에 집착했다고 한다. 그의 소설 『갓파』에 이런 구절이 나온다. 자꾸 유령이 되어 나타나는 시인이 주인공인데, 그에게 한 등장인물이 묻는다.

"너는 왜 자꾸 유령이 되어 나타나는가?"

그러자 유령이 대답한다.

"사후 명성이 궁금하기 때문이다."

아쿠타가와 류노스케는 자신의 운이 다한 것 같다는 불안에 시달리다 죽음을 택했지만, 죽은 후 평판에는 신경을 썼던 것 같다.

자살한 일본 작가 중 빼놓을 수 없는 인물이 다자이 오사무다. 그는 자신이 쓴 산문 「20세기 기수」에서 "태어나서 미안합니다"라는 문장을 쓴다. 이 문구에서 알 수 있듯 그는 평생 태어난 것을 돌이키려고 노력했다. 그 방식은 자살이었다. 기록에 남아 있는 것만 해도 다섯 번 정도 자살을 시도했는데, 결국 서른아홉 살 때 강물에 투신자살하여 생을 마감한다.

다자이 오사무

다자이 오사무의 경우는 타고난 염세주의와 성격적 결함이 작용했다고 한다. 그의 죽음 이후 패전의 암울한 분위기를 타고 자살이 유행병처럼 번졌는데, 작가 다나카 히데미쓰는 다자이 오사무의 묘를 찾아가 그 앞에서 음독자살을 했다.

미시마 유키오는 온 일본을 떠들썩하게 만들고 세상을 등졌다. 그것도 할복자살이라는 끔찍한 방식으로 생을 마감했다. 자살 직전 그의 행적은 망상증 환자로 보일 만큼 이해하기 어렵다. 자위대 기지를 찾아가 전쟁을 금지하는 헌법 개정 등을 요구하는 연설을 한 뒤 할복자살을 한 것이다. 그의 자살 원인은 여러 가지로 분석된다. 어린 시절부터 가지고 있었던 오이디푸스 콤플렉스, 일본 현실에 대한 실망감, 영웅 심리, 늙는 것에 대한 두려움, 한계에 부딪힌 작가적 상상력 등이 그의 죽음을 둘러싸고 등장한 원인들이다.

가와바타 야스나리의 죽음은 미스터리로 남아 있다. 유서 한 장 남기지 않았음은 물론, 죽기 전 상황을 추론할 만한 아무런 전조가 없었기 때문이다. 나는 가와바타 야스나리의 흔적을 찾아 여행하며 그가 자살을 오랫동안 준비했을 것이라는 확신이 들었다. 여기서 준비라는 것은, 도구나 시기를 준비했다는 뜻이 아니라 자살이라는 죽음의 방식을 준비했다는 뜻이다.

그는 도무지 생의 의지가 없는 사람이었다. 눈앞의 아름다움에 탐닉하고 주어진 삶을 열심히 살았지만, 생에 대한 긍정적 의지에서 그랬다기보다는 그냥 하루하루 앞에 있는 일을 해낸 것일 뿐이었다. 그는 생에 대한 기대감이 별로 없었던 것 같다. 우리가 인생에서 느끼는 기쁨들, 예를 들면 맛있는 음식, 행복한 가족, 좋은 친구들, 푹 빠질 수 있는 취미, 멋진 곳으로의 여행, 좋은 일자리, 부와 명예, 감미로운 섹스……. 그는 어린 시절부터 이 모든 것들에 대해 시들했다. 이것들의 정면을 보고 즐기기 전에 이미 그 뒷모습을 먼저 읽어내는 사람이었다. 아마도 그는 눈앞에 당장 뭔가 해야 할 일이 눈에 띄지 않는 순간 죽으리라는 결심을 한 사람이 아니었을까.

이런저런 건강상의 문제에 맞닥뜨린 노년에, 병과 싸우기 위해 열심히 병원을 다니고 운동을 하고 식이요법을 하는 가와바타 야스나리의 모습은 잘 그려지지 않는다. 수술을 받고 연명 치료를 받다 병원에서 죽음을 맞는 그의 모습도 상상이 잘 안 된다. 경솔한 말이지만 '자살'이라는 죽음의 형식은 그와 잘 어울린다. 그는 자발적으로 무한 속으로 걸어가는 행위가 잘 어울리는 인물이었다.

그러지 않았을까. 어느 날 아침에 눈을 뜨고 '아, 나의 생은 오늘까지구나' 이런 생각을 하지 않았을까. 그리고 바로 그 숙명의 날, 무한을 향한 여행을 떠나지 않았을까.

끝나는 순간 사라지는 춤과 같이

힘들었다. 가까이 다가가면 다가갈수록 미궁에 빠졌고, 문을 하나 열고 들어가면 또 다른 견고한 문이 나를 기다리고 있었다. 가와바타 야스나리는 나에게 끝없는 '문'으로 남았다.

나는 일본 문학 전문가가 아니다. 가와바타 야스나리 연구자는 더더욱 아니다. 따라서 나는 그를 연구하거나 분석하려 하지 않았다. 나는 인간 가와바타 야스나리를 보고 싶었고, 그와 대화를 하고 싶었고, 그의 삶과 죽음을 이해하고 싶었다.

어느 시절 알 수 없는 어느 인연이 나를 『설국』으로 이끌었던 것 같다. 나는 그날로부터 적지 않은 시간을 가와바타 야스나리와 함께했다. 그가 태어난 집 처마에서 비를 피했고, 그가 초등학교에 가기 위해 걸었던 논둑길을 걸었고, 소년 시절 그가 책을 사 보던 서점에 갔고, 그가 마셨던 커피를 마셨고, 그가 묵었던 료칸에서 잠을 잤다. 그가 걸어 올랐을 사찰의 계단을 올랐고, 그가 탔을 기차를 탔으며, 그가 가지치기를 했을 나무 앞에 섰다. 그리고 그가 생의 마지막 산책을 했을 바닷가를 걸었다.

가와바타 야스나리는 하나의 공화국이었다. 사실 그는 어느 유파나 어느 집단에 마음을 다해 가담한 적이 없었다. 그는 홀로 스스로의 성을 쌓았다. 그 성에는 일본의 모든 것, 일본의 모든 상처, 모든 모순이 살고 있었다.

그는 무림의 고수였고 깨달은 자였다. 그러면서 동시에 고독한 자였고 실패한 자이기도 했다. 그를 알면 알수록 그의 도력에 고개 숙이게 된다. 누구와도 비교할 수 없는 도력이 그에게 있었다. 그는 흡사 견성見性 고승처럼 가부좌를 틀고 생을 살다 갔다. 아우라로 치자면 일본 문학에서 가와바타 야스나리를 따라갈 자는 없다고 생각한다. 그래서 그의 모든 작품은 영물이다. 분석적 시각으로만 보면 밋밋할 수도 있는 작품들인데, 그 내부를 들여다보면 생로병사의 슬픈 뿌리들이 드러난다.

그는 일본이 군국과 근대화의 길을 걸었을 무렵 청장년기를 보냈다. 그는 결국 일본의 현실로부터 도망쳐 아름다움과 욕망과 죽음의 세계로 들어갔다. 자기 내부로 숨어들어간 고수에게 문학은 이야기가 아닌 사색이었다.

줄거리 진행을 기준으로 그의 작품을 보면 '이게 뭐지' 하는 의문에 빠지기 쉽다. 그의 소설에는 환희와 분노도, 선과 악도, 적과 동지도 없다. 이런 것들을 일부러 거세한 듯 그의 소설은 무한을 향해 갈 뿐이다. 그의 소설에는 궁극이 있다. 궁극의 욕망, 궁극의 삶, 궁극의 관계. 궁극을 찾아간 그의 귀착지는 허무다. 당연한 일이다. 결국 인간의 생은 허무한 것이므로…….

그의 작품을 읽으면서 그가 살았던 흔적이 남아 있는 곳들을 하나하나 찾아다니며, 나는 한 명의 괴팍한 수행승을 만나는 듯한 느낌에 자주 빠져들었다. 노벨문학상 수상 이후 작품이 잘 쓰이지 않자 가와바타 야스나리는 이렇게 말했다고 한다. "노벨문학상 수상은 물론 대단히 명예스러운 일이긴 하지만 작가에게 명예 따위는 오히려 짐이 되고 방해가 되어 작품을 위축시켜버리는 것이 아닐까 하는 생각이 든다"고.

사실 만년의 그는 현실적인 시각으로 보면 모든 걸 다 가진 사람이었다. 노벨문학상 수상자로서의 명예, 그것이 가져다준 생활의 윤택함, 주변의 존경……. 이런 상황에서 그는 충분히 추앙받았고 충분히 위대한 존재였다. 하지만 그는 그 순간 죽음을 선택한다.

그렇다. 그는 살면서 단 한 번도 환희를 향해 걸어들어간 적이 없었다. 아주 쉽게 환희를 향해 걸어갈 수 있었음에도 불구하고 그는 '어둠의 편'에 남았다. 죽음마저도 그랬다. 유서도 남기지 않은 죽음에서 그의 결기와 경지를 본다.

가와바타 야스나리의 인생은 극적이다. 흡사 운명이 그를 만들려고 작정이나 한 듯 그가 태어난 순간부터 소년 시절까지 가족들의 죽음이 이어졌다. 모든 가족들이 그렇게 사라지고 난 뒤 그는 벌판에 홀로 남는다. 죽은 가족들의 뼛가루가 든 단지를 들고 벌판에 홀로 서야 했던 소년. 이것이 수행이 아니고 무엇이었겠는가.

슬픔과 이별이 지배했던 성장기를 보낸 그는 당연히 허무와 손을 잡았다. 그렇게 허무와 손잡은 그에게 처음 다가온 예술이 '춤'이었다. 춤은 사라진다. 춤이 끝난 순간 모든 춤은 사라진다. 다시 추어도 사라진 그 춤과 똑같은 춤은 될 수 없다. 춤은 영화처럼 필름도 남지 않고, 문학처럼 책이 남지도 않는다. 그저 몸짓의 잔상을 남기고 사라질 뿐이다.

그의 소설도 춤 같다. 그는 무엇인가 결론에 이르려고 소설을 쓰지 않았다. 무엇인가에 혹은 어떤 주제에 도달하려고도 하지 않았다. 물론 누군가를 계몽하려고도 하지 않았다. 그는 그저 소멸을 향해 갔고, 그의 모든 작품은 가뭇없는 허무를 그렸다.

일본은 사실 다루기에 조심스러운 대상이다. 가와바타 야스나리 역시 조심스러운 대상이었다. 흥미로운 건 바로 이 조심스러움이 그를 탐험하는 데 도움이 되었다는 사실이다. 글을 쓰는 내내 일정 정도 경계심을 갖고 그를 대했다. 그 경계심이 그를 찬찬히 들여다보는 데 도움이 되었다.

가와바타 야스나리는 나와 같은 몽상가였다. 그는 머릿속으로 모든 성을 짓고 또 허물었다. 어린 나이에 이미 생을 간파했으므로, 모든 것은 결국 소멸한다는 대전제에 갇혀 있었으므로. 그에게 현실은 이미 무無이거나 거짓과 허상일 뿐이었다.

가와바타 야스나리 문학은 바닥이 드러나지 않는 하나의 경전 같다. 그의 문학에는 숨겨놓은 장치가 너무나 많다. 드러난 언어만으로는 이해할 수 없는 숨은 언어가 너무나 많다. 안타까운 건 그의 이 '숨은 언어'들을 번역을 통해 전달하기가 쉽지 않다는 점이다. 가와바타 야스나리는 설명하면서 목적지에 가닿지 않았다. 그는 생략하면서 목적에 가닿은 작가다.

우리에게 가와바타 야스나리는 오지 않았다. 아직 우리는 그를 모른다.

가마쿠라 자택의 서재에서

내 삶의 기념으로서
무엇을 남길 건가
봄에 피는 꽃
산에 우는 뻐꾸기
가을은 단풍 잎새

— 료칸良寬

가와바타 야스나리 문학의 키워드

중학교 시절 가와바타 야스나리

01 고아

가와바타 야스나리의 유년기는 이별과 죽음으로 점철되어 있다. 그는 두 살 때에는 아버지를, 세 살 때에는 어머니를 잃었으며, 일곱 살 때에는 부모를 대신해 자신을 키워주신 할머니를 잃었다. 유일한 혈육인 할아버지마저 그가 열다섯 살 때 세상을 떠났다. 가족의 죽음을 연이어 겪으면서 그는 생의 환희보다 죽음의 허무를 먼저 배운다. 이렇듯 암울한 유년기를 보내며 가와바타 야스나리 내부에는 본인이 말하는 '고아 근성'이 자리 잡는다. 혼자 남은 그에게 현실은 그 자체로 무의미했고, 죽음은 삶의 예사로운 순간 중 하나일 뿐이었다. 허무와 우울로 뒤틀린 그의 고아 근성은 평생 동안 가와바타 야스나리를 따라다니며 문학 세계의 밑그림이 되었다.

02 허무

가와바타 야스나리의 소설에는 선악도, 옳고 그름도, 뚜렷한 줄거리나 명확한 인물 묘사도 없다. 그는 작품 속에서 어떠한 현실적 좌표를 드러내지 않으며, 만남과 헤어짐을, 심지어 삶과 죽음을 구분하지 않고 평등한 무게로 바라볼 뿐이다. 이는 죽음에서 비롯된 허무를 통해 절대미를 완성하고자 했던 그의 문학적 지향과 맞닿아 있다. 평생을 고독과 죽음에 대한 집착으로 글을 썼던 가와바타 야스나리에게 허무는 아름다운 미의 궁극 같은 것이었다. 그는 작품을 통해 어떠한 메시지를 던지려 하지 않으며, 그저 하나의 이미지를 그리듯 수려한 문장으로 무의미한 단상을 묘사할 뿐이다. 그리하여 가와바타 야스나리의 작품은 독자에게 아무것도 말해주지 않은 채 그저 '아름다운 허무'로 귀결되곤 한다. 그의 작품에 '헛수고'라는 단어가 자주 등장하는 것은 결코 우연이 아니다.

03 판타지

시미즈 터널 너머로 펼쳐지는 설국,
정화의 땅 이즈반도, 기타야마의 삼
나무숲 등 가와바타 야스나리가 설
정하는 작품의 주 무대는 현실이 배
제된 일종의 환상 공간이다. 이상하
게도 이곳에서 벌어지는 모든 일들
은 전부 비현실적으로 느껴진다. 이
는 의도적으로 사건에 깊이 개입하
지 않은 채 피상적으로 단상을 묘사

아마기 터널

하는 가와바타 야스나리의 서술 방식에서 비롯된 것으로 보인다. 이를테면, 『설국』에는 설
국의 실제 지명 에치고유자와가 끝까지 드러나지 않는다. 가와바타 야스나리가 추구했던
아름다운 허무의 세계를 구현하는 데 구체적인 현실 묘사는 방해가 되었기 때문이다. 그
는 작품의 시대적, 공간적 정보를 의도적으로 감추어 비현실적인 묘사를 더하며, 거리를
두고 사건을 묘사하며 현실이 배제된 환상의 공간을 창조한다. 가와바타 야스나리 작품의
내면에 깔린 이 같은 판타지적 경향은 후기작으로 갈수록 더욱 강해진다.

04 춤

가와바타 야스나리의 문학 세계에서 춤은 중요한 위치를 차지한다. 그의 소설에는 직업이
무희인 여성이 주요 인물로 자주 등장하며, 『설국』의 주인공 시마무라의 직업은 무용 평론
가다. 그런데 가와바타 야스나리의 소설에 무용이 소재로 종종 등장하는 것은 우연이 아
니다. 그는 저명한 무용 평론가였으며, 무용 애호가로도 유명해 무희들과도 실제로 활발히
교류했다. 그는 "무용은 보이는 음악이고, 움직이는 미술이며, 육체로 쓰는 시이자, 연극의
정화다"라고 말할 정도로 무용 지상주의자였다. 이는 무용이 그에게 미학의 정수를 만나게
해주는 하나의 창이었기 때문이다. 어떠한 증거나 기록을 남기지 않은 채 무대에서 한 번
추고 사라져버리는 춤의 미학은 가와바타 야스나리가 지향했던 허무의 극점이었다.

05 거울

『설국』은 거울을 매개로 한 소설이다. 소설의 시작부터 『설국』은 우리가 거울 속 이미지의 세계로 들어가고 있음을 암시한다. 어둠 속 기차 차창에 비친 요코의 신비로운 이미지, 거울 속에 떠오른 고마코의 빨간 볼의 이미지, 그리고 설국을 떠날 때 차창에 떠오른 이미지까지, 『설국』은 시종일관 거울이라는 상징물을 통해 인물들이 어떻게 완성되는지 설명한다. 주인공 시마무라 역시 상황에 깊이 개입하지 않고 거울에 비친 이미지를 감상하듯 한 발 뒤로 물러나서 관찰하는 견자의 입장을 지킨다. 즉 『설국』은 거울을 통해 인물의 성격을 말하고 계절과 배경을 말하며, 두 여주인공을 바라보는 자신의 입장을 말하고 있다. 거울에 비친 세계는 현실인 동시에 비현실적이다. 현실로 봤다면 어떤 감정을 불러일으켰을 장면도 "이세상이 아닌 상징의 세계"인 거울을 통해 보면 환상처럼 다가온다. 이는 한 세계에 직접적으로 가담하지 않은 채 세계를 묘사하기 위한 가와바타 야스나리만의 기법이다. 연작 소설 『설국』의 초기 단편의 제목이 「저녁 풍경의 거울」과 「하얀 아침의 거울」임을 고려하면, 그가 얼마나 거울이라는 상징을 의식한 채 작품을 썼는지 짐작할 수 있다.

06 신감각파

가와바타 야스나리는 대학을 졸업한 뒤 동료 문인들과 함께 동인지 《문예시대》를 창간한다. '새로운 표현'과 '새로운 감각'을 주장한 그들은 종래의 사실주의적 문학과는 다른 감각적 표현을 사용해 절대미에 도달하고자 한다. 이때 모인 동인들이 훗날 '신감각파'라고 불리게 된다. 가와바타 야스나리는 "작품의 형태를 정비하고 균형을 유지하기 위해 현실적인 필연을 희생했다"고 설명하며, 기존의 사실주의 문학과는 다른 새로운 문학적 시도를 한다. 주관적이고 상징적인 표현을 활용해 현실을 넘어서는 감각을 문학에 부여한 것이다. 가와바타 야스나리는 이를 두고 '정신주의 문학'이라는 말을 썼다.

《문예시대》 창간 동인

07 마계

가와바타 야스나리의 소설은 인간의 추함과 악함에 주목한다. 그는 윤리의 붕괴, 금기를 깨는 연정, 여성의 문란함 등을 주요 소재로 하여 현실의 이면에서 벌어지는 일탈의 양상을 그린다. '마계'는 이런 그의 문학 세계를 논할 때 자주 사용되는 개념이다. 자기 억제의 노력이 사라지고 반사회적 욕망이 꿈틀대는 이 '악마적 세계'를 통해 가와바타 야스나리는 기존의 소설 문학에 기대되던 보편적인 서정성을 타파한다. 즉 그의 '마계'는 작품 속에서 궁극의 미를 추구하려는 노력의 일환이자, 기존의 문학을 혁신하려는 움직임이었다고 할 수 있다.

08 자살

노벨문학상 수상 이후 모든 것을 이룬 듯 보였던 가와바타 야스나리가 왜 죽음을 택했는지는 아무도 모른다. 그는 남들에게 자신을 설명하려 애쓰던 사람이 아니었다. 사촌들의 잇따른 죽음과 맹장염 수술로 피폐해진 심신, 조롱거리로 전락한 동료 작가 미시마 유키오의 자살, 수면제 과용이나 가스관 조작 실수 등, 사람들은 저마다 그의 죽음의 원인을 추측하려 애썼지만 가와바타 야스나리는 늘 그랬듯 아무것도 설명하지 않았다. 유서 한 장 없는 그의 죽음에 경찰은 '일산화가스 중독이 원인이 된 자살'이라고 결론 내린다. 어쩌면 가와바타 야스나리는 아주 어렸을 때부터 죽음과 익숙해져야 했던 이답게 자신의 죽음의 형식을 스스로 선택하고 싶었는지도 모른다. 그랬다면 그 형식은 병사나 사고사 같은 수동적인 방식이 아니라, 자살이라는 능동적인 방식이었을 것이다.

가와바타 야스나리 기념 우표

가와바타 야스나리 생애의 결정적 장면

1899 오사카에서 태어나다

6월 14일 오사카 시 기타 구 고노하나 초에서 태어났다. 의사였던 아버지 에키치와 어머니 겐 사이에서 누나 요시코와 함께 자랐지만 결핵으로 두 살 때 아버지를, 세 살 때 어머니를 잃는다. 이후 누나는 외가의 친척에게, 가와바타 야스나리는 오사카 부 미시마 군 도요카와의 조부모에게 맡겨진다. 일곱 살에 할머니가 세상을 떠난 이후에는 할아버지와 단둘이 산다.

1901 아버지 에키치가 사망하다.
1902 어머니 겐이 사망하다. 누나는 친척들에게, 가와바타 야스나리는 조부모에게 맡겨지다.
1906 할머니가 사망하다.
도요카와 초등학교에 입학하다.
1909 누나 요시코가 사망하다.
1912 오사카 부립 이바라키 중학교에 입학하다.

1914 완전히 혼자가 되다

유일한 혈육이었던 할아버지가 세상을 떠나며 완전히 혼자가 된다. 이후 죽음과 허무, 고독으로 점철된 유년기를 보낸다. 이때의 경험을 바탕으로 1925년에 자전적 소설 「16세의 일기」를 집필하는 등 어린 시절의 체험이 그의 문학 세계의 밑그림이 된다.

중학생 시절 가와바타 야스나리

1916	스승의 영결식 장면을 묘사한 산문 「스승의 관을 어깨에 메고」가 활자화되다.
1917	도쿄로 상경하여 구제 제일 고등학교에 입학하다.
	이후 1937년 가마쿠라로 이사할 때까지 20대와 30대 전부를 도쿄에서 보내다.

1917   이즈를 여행하다

당시 도쿄 제국대학의 예과에 해당했던 제일 고
등학교에 입학하며 여유가 생긴다. 고아 기질과
만성적인 우울감에서 벗어나기 위해 아무에게도
알리지 않고 이즈반도로 여행을 떠난다. 여행 중
유랑 극단 일행과 우연히 만나 한동안 동행한다.
이 경험은 1926년 발표한 「이즈의 무희」의 주요
모티프가 된다.

이토 하쓰요

1919	첫사랑 이토 하쓰요와 만나다.
	교내 잡지에 이즈반도 여행을 소재로 담은 「치요」를 발표하며 이름을 알리다.
1920	도쿄 제국대학 문학부 영문학과에 입학하다.
	작가를 꿈꾸는 동료들과 교류하며 동인지를 만드는 등 문학적 행보를 본격화하다.

1921   「초혼제 일경」으로 등단하다

아사쿠사 공원에서 우연히 보게 된 마상 곡예에서 한 소녀 곡예사에게 큰 인상을 받는다.
이후 한 달 뒤에 열린 초혼제에서 소녀를 다시 만나게 되면서 최하층 천민인 곡예사의 운
명에서 허무를 느낀다. 이 경험을 소재로 곡마단 소녀의 비애 가득한 삶을 그린 작품 「초
혼제 일경」을 집필한다. 이 작품으로 당대 최고의 평론가 기쿠치 간에게 극찬을 받으며 등
단한다. 같은 해에 첫사랑 이토 하쓰요가 파혼을 통보하는 편지를 남기고 종적을 감춘다.

1922	영문학과에서 국문학과로 전과하다.
	이즈의 유가시마에 재방문하여 「이즈의 무희」 초안을 쓰다.
1924	대학을 졸업한 뒤 동인지 《문예시대》를 창간하다. 이때 모인 동인들이 훗날 '신감
	각파'라고 불리게 된다.

1926 문단의 주목을 받다

입주 도우미였던 히데코와 실질적인 결혼 생활을 시작한다. 이후 히데코는 평생 남편의 그늘에서 그를 내조한다. 같은 해에 《문예시대》에 자신의 문학 세계를 예고하는 성격의 작품 「이즈의 무희」를 발표한다. 「이즈의 무희」가 주목받으며 문단 안팎에 이름을 각인시킨다. 이후 신감각파영화연맹의 일원으로 영화 〈어긋난 한 페이지〉의 시나리오 공동 창작에 참여하고, 손바닥 소설 「옥상의 금붕어」를 발표한다.

영화 〈이즈의 무희〉 포스터

1929	《아사히신문》에 「아사쿠사 구레나이단」을 연재하다.
	대학 강사 생활을 하다.
1934	자전적 수필 「문학적 자서전」을 발표하다.
	6월에 처음으로 에치고유자와를 방문하다. 여기서 『설국』의 주인공 고마코의 실
	제 모델인 마쓰에를 만나다.

1935 『설국』 연재를 시작하다

단편 「저녁 풍경의 거울」을 시작으로 연작 형태의 소설을 차례로 발표한다. 연재 기간 동안 작품의 배경인 에치고유자와에 자주 방문한다. 이 시기에 쓴 단편들을 모아 1937년에 『설국』이라는 제목으로 첫 번째 단행본을 출간한다. 이후 1948년에 완결판 『설국』이 발간되고, 1970년에 발간된 『가와바타 야스나리 전집』을 거쳐 그가 세상을 떠나기 직전인 1971년 『정본설국』이 완성될 때까지 끊임없이 『설국』의 원고를 고치고 다듬는다.

1937 『설국』의 첫 번째 단행본이 발간되며 문예간담회상을 수상하다.
가마쿠라 시 니카이도로 이사하다. 이후 죽기 전까지 가마쿠라에 살며 후기 대표
작의 대부분을 쓰다.

1945 동료 작가인 구메 마사오, 고바야시 히데오 등과 함께 가마쿠라에 거주하는 소설
가들의 장서를 대출해주는 '가마쿠라 문고'를 열다. 이후 문고에서 출판까지 하게
되다.

1948 완결판 『설국』이 출간되다.
일본 펜클럽 4대 회장으로 취임하다.

1949 후기 대표작 연재를 시작하다

마지막 35년 동안 가마쿠라를 배경으로 판
타지적 경향이 짙은 후기 주요 작품들을 집
필한다. 5월부터는 자신의 문학적 지향이 가
장 완벽하게 담긴 작품인 「천 마리 학」 연재
를 시작한다. 다도를 중심으로 복잡하게 얽
혀 있는 치정 관계를 통해 허무한 아름다움
을 묘사한다. 이후 8월부터는 자신의 생사
관을 구체화한 작품인 『산소리』를 연재하기
시작한다.

가마쿠라 자택의 가와바타 야스나리

1950 『무희』 연재를 시작하다.

1952 「천 마리 학」이 출간되다.

1953 「천 마리 학」이 영화화되다.

1954 『산소리』가 영화화되다.

1957 『설국』이 시로 도요다 감독의 작품으로 영화화되다.

1961 『고도』연재를 시작하다

일본의 역사와 고유의 아름다움을 품고 있는 도시 교토에 헌사를 남긴 이후 10월부터 교토에 바치는 소설 『고도』의 연재를 시작한다. 《아사히신문》에서 108회 연재된 이 작품은 교토의 삼나무숲을 배경으로 쌍둥이 자매의 이야기를 그린다. 같은 해에 제21회 일본 문화훈장을 수상한다.

1962 수면제 금단증상을 일으켜 입원하다.
　　　　『고도』를 출간하다.
1963 손바닥 소설 「불사」를 발표하다.
1965 『설국』이 오바 히데오 감독의 영화로 영화화되다.

1968 노벨문학상을 수상하다

10월, 대표작 『설국』으로 "자연과 인간의 운명이 가진 유한한 아름다움을 우수 어린 회화적 언어로 묘사했고, 동양과 서양의 정신적인 가교를 만드는 데 기여했다"는 평을 받으며 노벨문학상 수상자로 결정된다. 12월에 스웨덴 스톡홀름에서 열린 시상식에서 노벨문학상을 수상하며 「아름다운 일본의

노벨문학상 시상식

나」라는 제목의 수상 연설을 한다. 이 연설에서 일본의 전통 단시 와카를 인용하며 일본의 미학과 자연관, 선불교 사상을 소개한다. 또한 "이 노벨문학상의 절반은 에드워드 사이덴스티커의 몫"이라고 말하며 『설국』의 영문 번역을 맡은 그에게 경의를 표하며 상금의 절반을 전한다.

1969 가마쿠라 명예시민으로 추대되다.
하와이 대학에서 일본 문학 특별 강의를 하다.

1970 미시마 유키오의 할복자살

11월, 애제자이자 문학적 동료였던 미시마 유키오가 자위대의 궐기를 외치며 할복자살한다. 미시마 유키오가 급진적 민족주의로 빠져드는 것을 경계했지만 누구보다 그의 재능을 아꼈던 가와바타 야스나리는 조롱거리로 전락한 미시마 유키오의 죽음 앞에서 깊은 충격과 허무에 빠진다.

1971 『정본설국』을 출간하다.

1972 홀연히 세상을 떠나다

미시마 유키오의 자살과 사촌들의 잇따른 죽음으로 연이은 충격을 받는다. 이후 급성 맹장염으로 입원해 수술을 받으며 심신이 모두 쇠약해진다. 4월 16일, 부인 히데코 여사에게 아무런 말도 없이 집을 나선다. 택시를 타고 자신이 소유한 즈시 마리나 리조트 417호로 들어가는 모습이 마지막으로 목격된다. 그날 밤 가사 도우미의 신고로 출동한 경비원이 사망한 그를 발견한다. 경찰은 유서조차 없는 그의 죽음을 '일산화가스 중독이 원인이 된 자살'이라 결론 내린다.

1973 가와바타 야스나리 문학상이 제정되다.
1977 『설국』이 고영남 감독의 영화로 한국에서 영화화되다.
2004 『설국』을 오마주한 소설 『신설국』이 영화화되다.

참고 문헌

단행본

- 가와바타 야스나리, 『무희』, 이진아 옮김, 문학과지성사, 2012.
- 가와바타 야스나리, 『산소리』, 신인섭 옮김, 웅진지식하우스, 2018.
- 가와바타 야스나리, 『설국』, 유숙자 옮김, 민음사, 2002.
- 가와바타 야스나리, 『설국·천우학』, 반광식 옮김, 일신서적, 1993.
- 가와바타 야스나리, 『손바닥소설』, 유숙자 옮김, 문학과지성사, 2010.
- 가와바타 야스나리, 『이즈의 무희·천 마리 학·호수』, 신인섭 옮김, 을유문화사, 2010.
- 권해주, 『가와바타 야스나리의 생사관에 관한 연구』, 보고사, 2005.
- 김민나 외, 『동양의 고전을 읽는다 4 - 오늘의 눈으로 세계의 고전을 읽는다, 문학下』 휴머니스트, 2006.
- 김채수, 『가와바타 야스나리 문학 연구』, 박이정출판사, 2014.
- 김채수, 『가와바타 야스나리 연구: 문학작품에서의 죽음의 내재양식』, 고려대학교출판부, 1994.
- 미시마 유키오, 『금각사』, 허호 옮김, 웅진지식하우스, 2017.
- 백석, 『정본 백석 시집』, 고형진 엮음, 문학동네, 2007.
- 베네딕트, 루스·오인석, 『국화와 칼』, 김윤식 옮김, 을유문화사, 2008.
- 사이덴스티커, 에드워드, 『나는 어떻게 번역가가 되었는가?』, 권영주 옮김, 씨앗을뿌리는사람, 2004.
- 허호, 『미시마 유키오의 작품에 관한 양성대립의 구조』, 제이앤씨, 2005.
- かまくら春秋社 (編集), 鎌倉の文学 小事典, 春秋社, 2005.
- 川端文学研究会, 世界の中の川端文学—川端康成生誕百年記念, おうふう, 1999.
- 川端康成, 伊豆の踊子·集英社, 1993.
- 川端康成, 伊豆の踊子·温泉宿 他四篇, 岩波書店, 2009.
- 川端康成, 美しい日本の私, 角川ソフィア文庫, 2015.
- 川端康成, 古都, 新潮文庫, 2018.
- 川端康成, 千羽鶴 改版, 新潮文庫, 2012.
- 川端康成, 虹いくたび, 新潮文庫, 1963.

- 川端康成, 眠れる美女, 新潮文庫, 1967.
- 川端康成, 山の音, 岩波書店, 1988.
- 川端康成, 雪国, 新潮文庫, 2006.
- 小谷野 敦, 川端康成伝 - 双面の人, 中央公論新社, 2013.
- 阪本昭子, 川端康成回想記おじ様と私, PHPエディターズ, 2017.
- 三島由紀夫, 花ざかりの森・憂國―自選短編集, 新潮文庫, 1968.

논문

- 권해주, 「가와바타 야스나리(川端康成)의 『설국』(雪國)에 나타난 일본적 문화특성에 관한 연구」, 日本語教育 35호, 한국일본어교육학회, 2006.
- 김순희, 「가와바타 야스나리 '이즈의 무희'론」, 일본근대학연구 14호, 한국일본근대학회, 2006.
- 김일도, 「가와바타 가와바타 야스나리의 〈신문예〉에 관한 一考」, 일본학연구 29, 단국대학교 일본연구소, 2010.
- 김일도, 「가와바타 야스나리의 『호수(みづうみ)』小考: 존재불안 의식에서 자기 발견으로」, 일본연구 36호, 한국외국어대학교 일본연구소, 2008.
- 노영희, 「해외작가 특집: 가와바타 야스나리 소설 – 뼈추리기」, 작가세계 15호, 작가세계, 1992.
- 변정아, 「가와바타 야스나리와 가마쿠라: 문학 공간으로 본 '가마쿠라'를 중심으로」, 한국일본어문학회 학술발표대회논문집 2009.10, 한국일본어문학회, 2009.
- 성혜경, 「가와바타 야스나리의 『설국』 번역 – 사이덴스티커의 Snow Country를 중심으로」, 외국문학연구 57호, 한국외국어대학교 외국문학연구소, 2015.
- 이금재, 「일본작품에 묘사된 일본의 지역 경관: 가와바타 야스나리의 『설국』의 세계 에치고 유자와를 중심으로」, 한국사진지리학회 15호, 한국사진지리학회, 2005.
- 이명희, 「가와바타 야스나리 문학의 전전과 전후 – 작가의 가마쿠라문고(鎌倉文庫) 활동을 둘러싸고」, 日本語文學 61호, 한국일본어문학회, 2014.
- 정수연, 「'이즈'라는 문학적 공간 – 백석의 일본 유학 시기를 중심으로」, 한국근대문학연구 34호, 한국근대문학회, 2016.
- 정향재, 「가와바타 야스나리의 '설국'론: 〈거울〉의 상과 시마무라(島村)의 시각을 중심으로」, 日本研究 24호, 한국외국어대학교 일본연구소, 2005.
- 조정민, 「일본적 미의 지층과 가와바타 야스나리」, 일본비평 13호, 서울대학교 일본연구소, 2015.

- 최윤정, 「애욕의 승계와 금기 파기로 나타난 마계상(魔界像):『천우학(千羽鶴)』과『물떼새(波千鳥)』를 중심으로, 日本研究 54호, 한국외국어대학교 외국학종합연구센터, 2012.
- 최윤정, 「카와바타 야스나리(川端康成) 문학의 마계(魔界) 연구」, 한국외국어대학교 대학원: 일어일문학과, 2012.
- 최재철, 「일본근대문학과 사계(四季)」, 외국문학연구 41호, 한국외국어대학교 외국문학연구소, 2011.
- 최재철 외, 「가와바타 야스나리(川端康成)『손바닥 소설(掌の小説)』에 나타난 마계(魔界)의 원류」, 日語日文學研究 79호, 한국일어일문학회, 2011.
- 최종훈, 「가와바타 야스나리(川端康成)의『초혼제일경(招魂祭一景)』의 문체와 주제의 관련양상 : 나레이터의 서술상의 특징을 중심으로」, 일본문화연구 7호, 동아시아일본학회, 2002.
- E·G·サイデンスッテッカー, 「『雪国』の翻訳」, 国文学解釈と鑑賞 (別冊「川端康成『雪国』」), 1998.
- 宮崎尚子, 「新資料紹介 川端康成「生徒の肩に柩を戴せて葬式の日、通夜の印象」(石丸梧平主宰「団欒」掲載)」, 国語国文学研究 47号, 2012.

참고 인터넷 사이트

- 유자와마치 역사민속자료관 설국관(湯沢町歴史民俗資料館「雪国館」) http://www.e-yuzawa.gr.jp/yukigunikan/
- 다카한 료칸(高半旅館) http://www.takahan.co.jp/
- 위키피디아: 가와바타 야스나리 https://ja.wikipedia.org/wiki/%E5%B7%9D%E7%AB%AF%E5%BA%B7%E6%88%90

사진 크레디트

001, 026, 034, 113, 114, 122, 136, 167, 176, 241, 246, 256, 271, 282 ⓒ 日本近代文学館
(写真資料提供 公益財団法人日本近代文学館 사진자료제공 공익재단법인 일본근대문학관)

022, 067, 242 ⓒ 김영곤

036 ⓒ EF510レッドサンダー / http://ef510redthunder510.blog.fc2.com

044, 078, 170, 184 ⓒ 배경여행가 이무늬

059 ⓒ 湯沢町歴史民俗資料館「雪国館」

073 ⓒ raravis7

091 ⓒ senngokujidai4434

101 ⓒ くろふね

108 ⓒ beersonic / Shutterstock.com

143 ⓒ Oilstreet

144 ⓒ 663highland

163 ⓒ 東京紅団

181 ⓒ 伊豆市

186 ⓒ mari

197 ⓒ Wiiii

233 ⓒ picture cells / Shutterstock.com

234 ⓒ Maneerat Shotiyanpitak / Shutterstock.com

클래식 클라우드 010

가와바타 야스나리

1판 1쇄 발행 2019년 6월 10일
1판 3쇄 발행 2023년 12월 1일

지은이 허연
펴낸이 김영곤
펴낸곳 아르테

책임편집 박민주 최윤지
디자인 박대성 일러스트 최광렬
문학팀 김지연 원보람 권구훈
출판마케팅영업본부장 한충희
마케팅2팀 나은경 정유진 박보미 백다희 이민재
출판영업팀 최명열 김다운 김도연
제작 이영민 권경민

출판등록 2000년 5월 6일 제406-2003-061호
주소 (10881) 경기도 파주시 회동길 201(문발동)
대표전화 031-955-2100 팩스 031-955-2151

ISBN 978-89-509-8039-9 04000
ISBN 978-89-509-7413-8 (세트)
아르테는 (주)북이십일의 문학 브랜드입니다.

(주)북이십일 경계를 허무는 콘텐츠 리더

네이버오디오클립/팟캐스트 [클래식 클라우드 - 책보다 여행], 유튜브 [클래식클라우드]를 검색하세요.
네이버포스트 post.naver.com/classic_cloud
페이스북 www.facebook.com/21classiccloud
인스타그램 www.instagram.com/classic_cloud21
유튜브 youtube.com/classiccloud21